UM GUIA PARA LIBERTAR A SUA ALMA

Richard Barrett

UM GUIA PARA LIBERTAR A SUA ALMA

Tradução
OCTAVIO MENDES CAJADO

EDITORA CULTRIX
São Paulo

Título do original:
A Guide to Liberating Your Soul

Edição	Ano
1-2-3-4-5-6-7-8-9	97-98-99-00

Direitos de tradução para a língua portuguesa
adquiridos com exclusividade pela
EDITORA CULTRIX LTDA.
Rua Dr. Mário Vicente, 374 — 04270-000 — São Paulo, SP — Fone: 272-1399
que se reserva a propriedade literária desta tradução.

Impresso em nossas oficinas gráficas.

Para Nancy, Chris,
minha mãe e meu pai.

Agradecimentos

Este livro existe graças ao incentivo de muitas pessoas:

Nancy, minha esposa, e Chris, meu filho, cujo amor, apoio e compreensão me permitiram abraçar meus sonhos.

Meu editor, Sarwat Hussain, que me desafiou a tornar-me mais do que eu era e a viver de acordo com minhas perspectivas mais elevadas.

Meus amigos, Wim Ahlers, Bill Bauman, Julius Hankin e Martin Rutte, que acreditaram em mim e me deram apoio e estímulo incondicionais na minha jornada.

Meu amigo, David Gershon, que me ensinou a arte da capacitação, de modo que eu pudesse levar a cabo a minha visão.

Meu amigo, Eli Bay, que partilhou comigo, carinhosamente, sua compilação inédita de citações espirituais intitulada *The Meaningful Life: Spiritual Wisdom to Inspire the Seeker.* As citações no princípio de cada capítulo foram tiradas da compilação de Eli.

Membros do grupo de estudos da Association for Research and Enlightenment, que se reuniram em nossa casa durante quatro anos e me deram suas opiniões a respeito do meu trabalho, ao longo da sua elaboração.

Membros da Spiritual Unfoldment Society do World Bank, que tiveram a coragem de juntar-se a mim no afã de levar a espiritualidade ao nosso local de trabalho.

Meus amigos, Karon Brashares e Vicki Worthington, cujos comentários construtivos me ajudaram a definir o texto final.

Sinto-me profundamente agradecido a todos vocês.

Sumário

Prefácio

Uma visão

Numa tarde de novembro de 1991, tive uma visão. Eu estava sentado na varanda de uma casa de campo no sopé do monte Quênia. Passara a maior parte da tarde trabalhando nos primeiros esboços deste livro, e parara um momento para contemplar a beleza do jardim que se estendia diante de mim. Quase sem nenhuma mudança perceptível na consciência, uma visão me apareceu.

Era uma visão do mundo em que o bem e o mal, o céu e o inferno se haviam dissolvido em sedimento. Não havia o certo nem o errado. A justiça responsabilizava-se por si mesma por intermédio do fluxo e do refluxo de uma harmonia dinâmica de causa e efeito. Nesse mundo de amor e abundância, todo desejo inconsciente era satisfeito antes mesmo que se manifestasse a necessidade. Abriam-se portas onde nenhuma existia, e o conteúdo das sombras revelava-se na luz. O ciúme e o ódio não tinham sentido nessa visão.

Tive certa sensação de alheamento de todos os aspectos da cultura e da sociedade que outrora aceitara. No centro do alheamento estava a unidade em sua escala maior. Tratava-se de uma sensação de unicidade com cada aspecto do meu ambiente. Não se tratava de uma sensação solitária: era como se eu fosse uma célula única, cercada por uma multidão de outras células, todas as quais faziam parte de um ser vivo em cujas veias circulava o amor. As demais células eram especiais e únicas como eu mesmo. Cada um de nós tinha a sua contribuição para dar à vida do corpo. Assim como o corpo dependia de nós, assim também dependíamos dele. A vitalidade de cada célula contribuía para o bem-estar do todo. Cumprindo minha missão e sustentando outras células, eu estava contribuindo para a saúde do todo.

Quando essa visão se apoderou da minha consciência, tive uma sensação de poder, que me fluía pela mente. O mesmo poder que flui por uma gota d'água, partícipe da onda de um oceano. Era meu e, ao mesmo tempo, não o era. Meu, porque eu o sentia fluindo em mim. Não meu, por eu saber que ele procedia do todo. Senti-me realizado e completo em todos os sentidos, sem medo do futuro e sem saudade do passado. O futuro e o passado só existiam nas minhas crenças. Não tinham outra realidade a não ser a que eu lhes dava. Eu podia transformá-los no que quisesse, e podia mudá-los em qualquer outra coisa. Eu estava seguro e certo de cada aspecto de minha vida porque estava tudo enraizado no presente.

O medo tinha se dissipado da vida. Só me restava escolher meu destino. Digo escolher, mas não havia escolha propriamente dita. Eu seguia simplesmente minha intuição e deixava que meus desejos íntimos se manifestassem. Não havia necessidade de lógica, apenas um sentido de fluência com a corrente de um oceano. Consentindo em que minha intuição governasse, eu não precisava preocupar-me com chegar à minha destinação. Eu não precisava ser antecipadamente ativo em decidir o caminho. Enquanto mantive clara a visão da minha meta, os pormenores tomaram conta de si mesmos. Assim que criei um propósito, era como se o resultado já existisse. Simplesmente caminhei na sua direção para fazê-lo aparecer. Embora se erguessem, os obstáculos não eram impedimentos. Assim que reconheci que os impedimentos tinham sido inventados por mim, eles desapareceram. Careciam de vida própria. Sua única força era a força que eu lhes dava. O mesmo aconteceu com a doença e o sofrimento, que também derivavam sua força da minha crença neles. Mercê do reconhecimento de que eram um produto da minha criação, tornaram-se maleáveis e perderam a força.

Nesse momento, compreendi que tal conhecimento da supremacia da mente poderia revolucionar o mundo. Por intermédio do seu ensino e aplicação sistemáticos, nasceria uma nova geração capaz de viver sem medo, em fartura e paz. Não recorreríamos mais a drogas para curar os doentes. O sofrimento poderia ser sanado pela cura mental. A medicina baseada em remédios passaria a ser o último recurso. O clima e todas as outras expressões de ira seriam reconhecidos como produto do medo criado pela própria pessoa. A prática da cura mental difundir-se-ia por toda a sociedade. A saúde da mente seria objeto de ensino em todos os níveis dos nossos sistemas educacionais. Os conselheiros psicoespirituais tornar-se-iam professores do futuro. Sua profissão teria por fundamento os princípios unificadores da psicologia, da religião e da ciência.

Essa visão selou a direção que tomaria minha pesquisa para este livro. O que se segue é o resultado. A Primeira Parte examina o mundo das crenças e o conceito de espiritualidade e desenvolve um modelo de realidade baseado na consciência, que congrega teorias contemporâneas de psicologia, religião e ciência. A Primeira Parte também explica as interações da personalidade e da alma. A Segunda Parte proporciona uma orientação prática sobre a libertação de sua alma, fornece exemplos de desenvolvimento espiritual, tirados de experiências reais de vida, e revela estratégias para a personalidade entrar em sintonia com a alma.

Imagine-se uma obra-prima que se revela a cada segundo de cada dia — uma obra de arte que toma forma a cada respiração. Thomas Crum

Destina-se o desenvolvimento espiritual a facultar ao indivíduo exercitar-se de modo que se torne um esconderijo mais poderoso, de que se irradie o amor de Deus. Grace Cook

O que a senda espiritual oferece é um modo de voltar ao equilíbrio, para desenvolver a nossa intuição e a sabedoria do coração, de modo que o intelecto deixe de ser o senhor e torne-se, em vez disso, servo do coração, a parte de nós que nos leva à unidade com nós mesmos e com todos os outros seres. Ram Dass

O homem precisa, primeiro, encontrar a própria alma. Quem encontrou e conhece a sua alma encontrou todos os mundos, realizou todos os seus desejos. Os Upanishads

Introdução

Uma jornada pessoal

A jornada que denominamos vida é o processo que leva ao desenvolvimento da alma. Pode ser uma viagem de transformação pessoal, ou pode parecer uma luta interminável e sem sentido. A escolha é sua . Se você optar pelo caminho da transformação pessoal, embarcará numa missão que modificará sua vida para sintonizar sua personalidade com sua alma. Os benefícios que acompanham essa sintonização incluem relacionamentos mais sinceros e mais satisfatórios, mais criatividade, mais saúde e bem-estar, sentido de abundância, sentimentos de alegria e paz interiores e menos tensão. Você começa a sentir um estreito vínculo com o cerne do seu ser. A vida torna-se cheia de significado quando sua personalidade se funde com sua alma.

O processo de transformação assemelha-se ao desabrochar de uma flor. Assim como os botões se desenvolvem para revelar toda a beleza da flor, assim também se desenvolve a sua personalidade para revelar a beleza da sua alma. À proporção que libera seus medos e abraça o amor incondicional, você desvela sua alma. O tempo necessário para isso só depende de você. Quanto mais comprometido estiver com a transformação pessoal e a disposição para enfrentar os seus medos, tanto mais rápido será o seu progresso — o processo do desenvolvimento é movido pela sua intenção e aplicação. Tudo depende de você. Conquanto outros possam proporcionar-lhe introvisões e facilitar o processo, só você pode descobrir a sua alma. E assim como a flor cumpre seu destino florescendo, você também cumprirá o seu liberando a sua alma.

A jornada do desenvolvimento começa aumentando a compreensão de quem "você" é. "Conhece-te a ti mesmo" tem sido um dos principais ensinamentos dos filósofos religiosos através dos séculos. Por meio do conhecimento de si próprio, você extrai a intuição e a sabedoria que existem na quarta dimensão da consciência humana. À medida que principia a reconhecer a natureza da sua alma e a estabelecer contato com sua consciência multidimensional, você encontra o seu sentimento de expansão do eu. Quando você começa a identificar-se com o seu eu anímico, desaparecem as barreiras que impediam a comunicação e a cooperação sem reservas com a sua família, com seus amigos e colegas. Sua vida e suas relações ganham outro significado. Começa a abrir-se a porta para um futuro novo.

As chaves que abrem a porta desse futuro novo não se encontram no mundo exterior. Não têm relação alguma com a riqueza, o *status* ou a educação. São simplesmente as nossas crenças, vale dizer as estruturas ao redor das quais construímos nossa realidade. Modificando-as, você pode modificar sua realidade. As crenças ou estão fortemente enraizadas ou são transitórias, e podem ser conscientes ou inconscientes. Quando você compreender plenamente a importância das suas crenças, desejará criar conscientemente a sua realidade. Desejará ter o pleno domínio do poder criativo de sua mente. Para consegui-lo, terá de trazer à luz as crenças que se escondem nas sombras do inconsciente. E quando tiver consciência das suas crenças inconscientes, começará a compreender a influência que elas exercem sobre a sua vida.

Você descobrirá que sua dor e seu sofrimento emocionais são causados por crenças carregadas de medo, e que seus medos não passam de lembranças de uma dor passada projetada no futuro. Trazendo suas crenças negativas inconscientes à sua percepção consciente e liberando-as, você dá a si mesmo oportunidade para visionar um futuro diferente — um futuro sem dor emocional. Suas crenças emprestam força às suas lembranças. Se puder alterar a crença no tocante ao significado do que aconteceu no passado, poderá alterar o seu futuro. Todo momento em sua vida é uma oportunidade para recomeçar, para escolher o amor em lugar do medo. O amor lhe permite crescer e evoluir. O medo o faz contrair-se e retirar-se da vida.

O mal-estar e a dor sobrevêm quando as crenças do medo se mantêm no mesmo nível da consciência. Eles surgem mercê do desequilíbrio entre a energia do amor em sua alma e a energia do medo em sua personalidade. O mal-estar que você sente é um desequilíbrio energético decorrente da falta de sintonia entre a personalidade e a alma. Quanto mais fora de sintonia você estiver, tanto mais dor e mal-estar sofrerá em sua vida. Se não der atenção ou esconder sistematicamente o mal-estar emocional, a energia negativa se acumulará e acabará se manifestando no corpo sob a forma de uma doença ou mal-estar físico.

Quando bem compreendidos, o mal-estar e a dor são sinais positivos que o previnem contra as idéias erradas e o conduzem às idéias certas. Quando liberta os medos que lhe envolvem a personalidade, você melhora sua sintonia com a alma. Eis o processo e a promessa do desenvolvimento espiritual. A promessa se cumpre quando a personalidade e a alma se integram plenamente. Você deixa de ser um "ser" humano, para tornar-se uma alma que experimenta a vida como ser humano.

Aceitando o desafio de viver com alma, você embarca numa missão capaz de mudar sua vida. As dificuldades que encontrar serão pequenas em comparação com as recompensas. A vida da alma exige de nós que sejamos destemerosos, disciplinados e, sobretudo, cheios de cuidados — com nós mesmos e com os outros. Aprendemos que a energia que usamos no mundo é a energia que recebemos de volta. Quando você abraça sua alma, adquire nova identidade — uma identidade maior e mais abrangente do que lhe seria possível imaginar. Encontra uma nova compreensão do sentido e do propósito da vida. Sua intuição cresce e você atinge novas alturas de criatividade. Essa é a promessa do desenvolvimento espiritual.

Primeira Parte

O Conhecimento de Si Próprio

O reino dos céus está dentro de vós, e quem conhece a si mesmo o encontrará. Jesus Cristo

A visão do mundo da física, as introvisões da parapsicologia e o terreno do misticismo são essencialmente o mesmo: o universo da mente que tem um propósito e sempre desenvolve sua criação no sentido de uma consciência mais elevada. Rolland Gammon

Temos não só a capacidade de perceber o mundo, mas também a capacidade de alterar a percepção que temos dele; ou, mais simplesmente, podemos mudar as coisas pelo modo com que olhamos para elas. Tom Robbins

Não há maior vitória na vida de um ser humano do que a vitória sobre a mente. Swami Ramadas

1

Modelos de realidade

Todos nós, consciente ou inconscientemente, tentamos interpretar nossas experiências em função de um todo maior. Começando em nossa primeira infância, cada um de nós desenvolve um modelo pessoal de realidade calcado em nossas crenças. Nossos modelos tornam-se os sistemas de referência que influem nos nossos pensamentos e ações e conferem estrutura e significado às nossas experiências. Quase todos os modelos contêm uma mistura de crenças científicas, psicológicas e religiosas.

Quando encontramos fenômenos que não pertencem ao reino das nossas crenças, vemo-nos diante de duas alternativas: podemos aceitar o desafio de ampliar nossa perspectiva, incorporando a nova informação, ou podemos voltar à negativa. Em tais condições, para alguns, as experiências da vida dilata-lhes a compreensão e os sistemas de crença se expandem. Os que possuem filtros rígidos de crenças acham difícil aceitar novas idéias, ou pontos de vista diferentes. Vendo apenas o que desejam ver, negam a si mesmos a possibilidade de experimentar alguma realidade que não seja aquela em que acreditam. Forçam a própria entrada num casulo de conforto inseguro, encolhem-se diante da vida e nunca atingem o seu potencial pleno.

Nossos sistemas evolventes de crença

As crenças que usamos para criar nossos modelos do mundo são simples produtos de nossos ambientes e de nossas experiências de vida. São os mapas rodoviários que nos foram legados pelos nossos pais, pela sociedade em que vivemos, pelas tradições religiosas nas quais nascemos e pela nossa experiência pessoal. As crenças que desenvolvemos com base em nossas experiências de vida, em sua quase totalidade, são adquiridas por meio da atuação da lei de causa e efeito na nossa vida. Logo aprendemos que o fogo queima; que eletricidade dá choques e a persistência dá bons dividendos. Tornamo-nos particularmente adeptos de lidar com o mundo material, onde as leis de causa e efeito parecem funcionar com certo grau de previsibilidade. Essa é a razão por que todos nos enamoramos da ciência. A ciência compraz-se em ditar-nos regras e leis que emprestam credibilidade aos sistemas de crenças a respeito do nosso mundo físico tridimensional. Acreditamos no que a ciência nos diz porque ela prediz resultados com exatidão. Por esse motivo foi a ciência aceita universalmente. Entretanto, os domínios a que se aplicam as leis científicas são limitados.

Em primeiro lugar, a ciência se aplica quase exclusivamente ao mundo físico exterior. Os cientistas têm-se mostrado relutantes, ou incapazes, em voltar-se para o mundo interior da crença, da emoção e do pensamento, e raro se aventuram a explicar experiências paranormais ou metafísicas. Em suma, a ciência pouco nos ajuda a compreender a natureza não-física do universo. Como tem sido praticada até agora, ela deixou, em grande parte, de tomar conhecimento da consciência.

Em segundo lugar, a ciência se concentra em sistemas lineares. Reduz os processos de vida às suas partes menores e oferece explicações que, a seguir, são extrapoladas para o mundo maior. Ao fazê-lo, não leva em consideração o caos da vida e a espontaneidade dos sistemas orgânicos. A abordagem holística, segundo a qual o corpo, a mente e a alma são um sistema interativo em pleno funcionamento, é anátema para os cientistas.

A despeito do seu reducionismo, a ciência nos serviu bem de muitas maneiras. Por meio dela começamos a compreender nosso ambiente físico e obtivemos o conhecimento do modo pelo qual nosso corpo trabalha. Atualmente, estamos começando a compreender as ligações entre a mente e o corpo humano. No entanto, o conhecimento que a ciência nos forneceu é relativamente recente. Até o início do século VIII, nenhuma escola e nenhum colégio ocidentais lecionavam ciência. Como disciplina, a ciência não existia, em virtude da vigorosa influência exercida pela Igreja sobre os sistemas humanos de crença.

A partir, aproximadamente, de 400 d.C. até o princípio do século XVIII, todos os aspectos inexplicáveis da nossa vida estavam sujeitos a uma explicação religiosa. O gênero humano dependia de seus líderes religiosos para explicar desastres, curar-lhe as doenças e cuidar de suas almas. Os provedores de religião detinham grande poder. O acesso a Deus era completamente controlado pela Igreja Católica e seu clero. O Papa podia condenar um homem à danação eterna por meio da excomunhão. A imortalidade só era assegurada a quem seguisse os ensinamentos do catolicismo. Em virtude desse poder, os líderes religiosos tinham grande influência. Reis, rainhas e próceres políticos tratavam seus intermediários espirituais com cautela e extrema consideração. Esse período, que terminou no século XVI, era intolerante com os sistemas de crença não sancionados pela Igreja de Roma. Outros sistemas de crença eram considerados heresias e outras fés, tidas por pagãs. A Igreja governava de maneira absoluta os sistemas de crença ocidentais.

Não é de admirar que livres-pensadores, como Martinho Lutero, deparassem com um público simpático quando contestaram a orientação espiritual e pastoral da Igreja Católica. O desafio à intermediação da Igreja entre a humanidade e Deus e a crença de que o perdão de Deus poderia ser obtido livre e individualmente conduziram à reforma do cristianismo.

Mais ou menos nessa ocasião, a ciência também encetou sua luta com a Igreja. O conflito teve início no campo da astronomia. Em 1543, Nicolau Copérnico, signitário polonês da Igreja, achou que uma terra em rotação, que girasse em torno de um sol central estacionário, explicaria o movimento dos céus de maneira bem mais simples do que a teoria de uma terra central, adotada pela Igreja. A teoria de Copérnico, que envolvia uma reordenação radical das crenças a respeito da natureza do universo, foi desenvolvida por Galileu em 1632. Como essas teorias contradiziam a interpretação oficial da Bíblia, geraram violenta oposição por parte da Igreja. Por tamanha heresia, Galileu foi condenado à prisão em 1633. Comutou-se-lhe mais tarde a sentença em prisão domiciliar. Só em 1992, 359 anos depois, a Igreja Católica admitiu haver-se equivocado ao condenar Galileu. A comissão de inquérito determinou que os clérigos que o haviam julgado, incapazes de compreender uma interpretação não-literal da Bíblia, temiam que os ensinamentos de Galileu solapassem a tradição católica.

O desenvolvimento da nova astronomia foi também retomado por Johannes Kepler, matemático do imperador do Santo Império Romano, Rodolfo II, nos primórdios do século XVII. Kepler desenvolveu relações matemáticas para expandir e explicar a astronomia de Copérnico. Esses homens de ciência, e outros como William Harvey e Isaac Newton, principiaram a combalir aos poucos o domínio da Igreja sobre os sistemas de crença. A ciência começou a ser ensinada nas universidades por volta de 1700. O ambiente físico passou a ser domínio do cientista. A Igreja restringiu-se ao domínio da alma. Os 1.200 anos de governo dos sistemas de crença pela Igreja chegavam ao fim. Cientistas e exploradores assoalharam as falácias de muitas interpretações religiosas do nosso ambiente físico. Físicos e biólogos colocaram-se à frente da marcha pela verdade. À medida que a ciência e a medicina se desenvolviam, a influência da religião diminuía. A ciência encarregou-se da pesquisa para determinar o *como*, o *onde* e o *quando* da nossa existência física. Entretanto, o *por que* se revelou mais esquivo. Limitando o *por que* à mente humana, criou-se a "ciência" da psicologia. Antes dos tempos modernos, o *por que* era tema de interpretações religiosas. Embora se dê à psicologia o nome de ciência da mente, os seus fundadores não tinham uma visão tão limitada, visto que tiraram o nome da palavra *psyche*, que significa "alma". Em verdade, a maioria dos psiquiatras dá escassa atenção às almas dos pacientes. O ponto principal em que se concentram consiste na ajuda que podem dar ao paciente para enfrentar as crises surgidas nas relações e funções diárias. E fazem-no por meio de um processo que se escora em princípios científicos e médicos.

Ciência, religião e psicologia

Dessa maneira, nos últimos séculos, passamos de uma explicação puramente religiosa do mundo para um modelo tripartido — o físico explicado pela ciência, o espiritual explicado pela religião e o mental explicado pela psicologia. Vimo-nos, assim, dependendo de três áreas diferentes de conhecimento para explicar as experiências do corpo, da mente e da alma. Consoante a natureza do que se nos depara, fiamo-nos em um desses três sistemas de crença para oferecer uma explicação. Se o nosso corpo fica doente ou se o nosso carro quebra, contamos com a ciência e a tecnologia para explicar o problema. Se nos envolvemos num relacionamento problemático, voltamo-nos para a psicologia em busca de explicações e, quando morre um ser que amamos, recorremos ao conforto e à compreensão da religião.

Um dos principais problemas com os nossos três sistemas de crença é que certos fenômenos e experiências se situam fora dos limites do seu conhecimento. Milagres, por exemplo, não os explica nem a ciência nem a religião; a sincronicidade não pode ser explicada pela psicologia

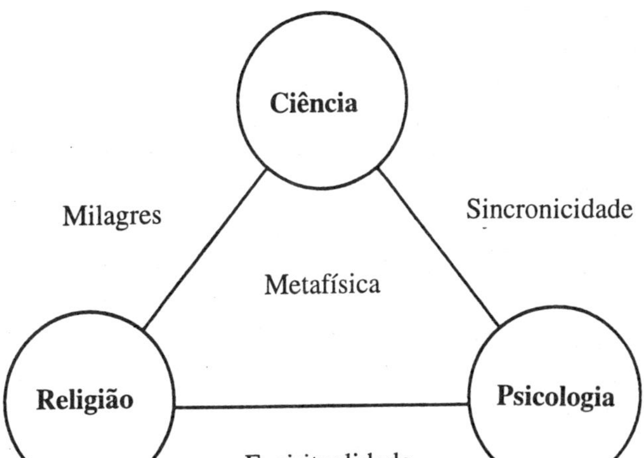

Figura 1: Limites do conhecimento

nem pela ciência; e a espiritualidade situa-se fora dos sistemas de crença da religião e da psicologia. De mais a mais, o tópico da metafísica localiza-se fora dos três sistemas de crença.

Nosso mundo moderno aceitou essa fragmentação como realidade. Conseqüentemente, transferimos a responsabilidade da compreensão do corpo, da mente e da alma para os "entendidos". Desistimos de encontrar respostas por iniciativa própria. Delegamos a responsabilidade pelo nosso próprio bem-estar a médicos, terapeutas e padres. Só quando deparamos com situações ameaçadoras da vida, socorremo-nos a um Deus pessoal, como se soubéssemos, bem lá no fundo, que, além de todo o conhecimento fragmentado, está uma causa única. Só quando estamos desesperados, valemo-nos de um sistema de crença que transcende o tempo — a crença num poder mais elevado que detém o domínio da vida e da morte.

A sobrevivência da espécie humana depende da nossa capacidade de desenvolver uma estrutura holística que reconheça a interligação de todos os conhecimentos.

Neste século, tem-se notado uma tendência cada vez maior, revelada pelos especialistas, para relacionar seus conhecimentos com os de outros campos. Psicólogos, mormente os que abraçam teorias transpessoais, procuram trazer estados mentais humanos para dentro de uma perspectiva espiritual. Cientistas, sobretudo os que adotam as idéias da física moderna, tentam ligar a ciência às idéias de unidade e de Deus. E físicos reconhecem o poder da mente sobre o corpo físico. Infelizmente, porém, pouquíssimos procuram unificar a psicologia, a religião *e* a ciência. O elo que falta torna-se cada vez mais conspícuo à medida que esses três reinos de indagação começam a apontar na direção do mesmo modelo. Está-se tornando cada vez mais aparente a existência de uma explicação da nossa realidade tridimensional, que abarca não somente a psicologia, a religião e a ciência, mas também a metafísica e o misticismo.

Isso, então, evoca uma pergunta: por que são raras as tentativas para desenvolver um modelo dessa natureza? Resposta: porque há uma aceitação quase total do enfoque reducionista da pesquisa e do saber. A estrutura das nossas instituições do saber é de tal ordem que os incentivos concedidos à pesquisa favorecem o raciocínio vertical em vez do lateral. Quem quer que deseje empreender uma pesquisa holística terá de transpor barreiras significativas, institucionais e de fundos. Mas é precisamente desse tipo de pesquisa e de saber que agora precisamos. Já não podemos dar-nos ao luxo de não tomar conhecimento das relações recíprocas significativas existentes entre os corpos diferentes do conhecimento que constituem nossos sistemas de crença. A sobrevivência da espécie humana e das formas de vida que habitam o planeta gira em torno da nossa capacidade de desenvolver uma estrutura holística que reconheça as interligações de todos os conhecimentos.

A teoria da mecânica quântica converteu o mundo físico num patife mentiroso e enganador, e nossos cinco sentidos e o nosso sistema nervoso central em conspiradores aliados numa requintada fraude levada a efeito com bom êxito desde tempos imemoriais.
Wes Nisker

Os conceitos atuais relativos à relação entre a mente e o cérebro envolvem um rompimento direto com a doutrina materialista e behaviorista estabelecida, que dominou a neurociência durante muitas décadas. Em vez de renunciar à consciência ou de não tomar conhecimento dela, a nova interpretação reconhece plenamente a primazia da percepção consciente interior como realidade causal.
Roger Sperry

2

O modelo da consciência

Este livro propõe um sistema de crenças unificador, que reúne crenças científicas, religiosas e psicológicas num modelo de realidade baseado na consciência. Só podemos compreender os princípios que ligam os três reinos do pensamento reconhecendo os limites da nossa percepção tridimensional. A teoria unificadora envolve conceitos que transcendem o nascimento e a morte, e nos conduzem à quarta e mais alta dimensão da consciência, onde descobrimos a realidade da alma e a energia do espírito.

Enfrentamos um obstáculo de peso quando relacionamos uma à outra as estruturas de crença da ciência, da religião e da psicologia — descobrindo um solo comum sobre o qual construímos um sistema de crença unificador. A ciência trata exclusivamente do mundo físico e do aspecto material da nossa existência. A psicologia trata exclusivamente da mente e do aspecto mental da nossa vida. A religião mantém um misterioso equilíbrio entre o mundo material e o espiritual e, ao mesmo tempo, nos proporciona uma perspectiva de vida que transcende a morte. Cada um desses sistemas de crença trata de aspectos diferentes da nossa realidade e cada qual tem um vocabulário próprio. Nesse sentido, as seguintes palavras, escritas por P. D. Ouspensky na primeira metade deste século, são tão expressivas hoje como o foram então:

> Deixamos de compreender muita coisa porque nos especializamos de maneira demasiado fácil e drástica em filosofia, religião, psicologia, ciências naturais, sociologia etc. Cada qual tem a sua literatura especial. Nada abraça o todo em sua totalidade.[1]

Defronta-se o leigo com dois problemas: primeiro, a dificuldade para compreender o significado de termos especializados; e, segundo, a correlação de significado entre reinos diferentes do pensamento. Na realidade, é apenas ligeira a desvantagem do leigo em relação aos especialistas, uma vez que estes também têm dificuldade para compreender o vocabulário de outras especializações. Os pastores acham difícil entender cientistas e psicólogos; os cientistas acham difícil entender psicólogos e pastores; e os psicólogos acham difícil entender pastores e cientistas. Nossos conhecimentos se tornaram cada vez mais diferenciados. Na situação atual, tanto os leigos quanto os especialistas carecem do entendimento necessário para reunir nossos sistemas de crença numa estrutura holística. É manifesto, no entanto, que todas as áreas diferentes dos conhecimentos modernos precisam ter relações recíprocas significativas. Precisamos examinar essas ligações se quisermos desenvolver um sistema de crenças que una a ciência, a religião e a psicologia. O princípio conectivo que pretendo estudar é a consciência.

Ciência e consciência

Até a virada do último século, a ciência estava repleta de objetividades. Presumiam os cientistas que não havia relação entre o experimento e o experimentador e acreditavam que o tempo era absoluto. Duas teorias científicas alteraram essas crenças. A teoria da relatividade, que explica o movimento do mundo maior dos planetas e das estrelas e modificou nossas crenças relativas ao tempo; e a teoria quântica, que explica o mundo menor do átomo e mudou nossas crenças sobre a objetividade. Essas teorias foram um convite para grandes inovações tecnológicas e para explicações verificáveis do nosso universo, fizeram do observador um participante e nos levaram a reconhecer que o tempo é um conceito fluido intimamente ligado à experiência do observador. Até essa altura, a física não reconhecia que o observador tinha algum papel ou influência no resultado das experiências — como se os fenômenos que estavam sendo examinados e o observador existissem em dois mundos separados e não relacionados entre si. A primeira ruptura dessa casca de objetividade surgiu com a chegada da Teoria da Relatividade de Einstein, que mostrou que o tempo é relativo à posição e ao movimento do observador. Em tais condições, não pode ser considerado absoluto. O impacto pleno dessa descoberta ainda não foi absorvido pelo nosso pensamento de todos os dias. Novas provas do papel importante representado pelo observador apareceram no decorrer da década de 1930, na forma da teoria quântica. Para tornar inteligíveis as experiências quânticas, o observador decide o que quer medir. O resultado das experiências sofre o influxo da consciência e das crenças do observador. Fritjof Capra, em *O Tao da Física*,* descreve-o desta maneira:

> A teoria quântica aboliu a noção de objetos fundamentalmente separados, introduziu o conceito do participante para substituir o do observador e pode até achar necessário incluir a consciência humana na descrição do mundo.[2]

Descobriram os cientistas que matéria e energia se equivalem. Toda matéria é uma manifestação de energia. As unidades de construção da matéria tanto podem ser partículas carregadas eletricamente quanto ondas de informação. A realidade da partícula é tridimensional. Possui propriedades específicas que se podem medir em termos físicos. A realidade da onda é quadridimensional. Tem um campo de energia que se estende no espaço e no tempo e que não é possível localizar. Não tem massa nem substância material. Assim sendo, tudo em nosso universo físico se compõe de matéria e, ao mesmo tempo, se conserva num campo de energia "invisível" para os nossos sentidos físicos. Na forma da onda encontramos a informação que descreve as plenas potencialidades da partícula material. Na forma física só encontramos expressa uma dessas potencialidades. Todos os objetos materiais, incluindo nosso corpo, têm uma forma física tridimensional e um campo de energia

* Publicado pela Editora Cultrix, São Paulo, 1980.

quadridimensional. Uma está no estado de ser. O outro, num estado de ser potencial.

Na opinião de Paul Davies, o *quantum* ensina que a matéria só consegue uma existência concreta e bem definida em conjunção com a mente.[3] Em outras palavras, o aspecto material de uma "substância" só existe quando está presente uma consciência que a observa. Em todas as outras ocasiões ela continuava sendo uma onda de pura potencialidade. A manifestação de um estado de ser potencial é controlada pelos nossos pensamentos. Isso significa que uma crença num futuro potencial influi na manifestação desse futuro.

> *A manifestação de um estado de ser potencial é controlada pelos nossos pensamentos... a crença num futuro potencial influi na manifestação desse futuro.*

Se toda matéria é energia, a distinção entre matéria animada e matéria inanimada não tem sentido. Quando a energia assume uma forma, a consciência está presente, pois é ela que molda a energia na matéria. David Bohm, um dos mais respeitados físicos quânticos, expõe o problema da seguinte maneira:

> A capacidade da forma de ser ativa é uma das mais expressivas características da mente, e temos alguma coisa parecida com a mente já no elétron. Até a rocha, de certo modo, está viva, pois vida e inteligência estão presentes em toda a matéria.[4]

A descrição da matéria feita pelo físico se relaciona estreitamente com os ensinamentos esotéricos. De acordo com os princípios esotéricos, a consciência está presente em toda a matéria. Ela permeia todas as coisas — átomos, moléculas, plantas, animais e a terra. Vivemos num mundo totalmente senciente moldado pela energia do pensamento. Em *Bridging Science and Spirit*, Norman Friedman conclui que "a realidade não se compõe de elementos separados... Em seu nível mais fundamental, a realidade é a consciência".[5]

Religião e consciência

As experiências religiosas são descritas pelos que passaram por elas como uma percepção acentuada e uma mudança na consciência. A experiência verifica-se na mente graças à elevação da percepção a um estado superior de consciência. Falamos com Deus por meio da oração e ouvimos as palavras de Deus nos momentos de uma tranqüila contemplação. A definição que deu à religião na virada do século, William James a daria hoje, provavelmente, à espiritualidade:

> Os sentimentos, atos e experiências dos indivíduos na sua solidão, no momento em que percebem estar em relação com o que consideram ser o divino.[6]

A relação entre o indivíduo e o que ele considera ser o divino existe somente no reino da consciência. O importante do relacionamento é o seu conteúdo. E o conteúdo se expressa por meio do conhecimento, fundamentado na crença e sustentado pela fé. Sem as experiências interiores e a transferência do conhecimento, a religião passa a ser um vaso vazio.

Três são os pontos especiais que devemos levar em conta no tocante às experiências religiosas. Primeiro, que ocorrem na mente. Segundo, que são acompanhadas de um aumento do conhecimento e de uma mudança na consciência. E terceiro, que se relacionam, muitas vezes, embora nem sempre, com experiências de sofrimento e morte. Os sinais de excelência das experiências religiosas compreendem a inefabilidade e a expansão do conhecimento. As palavras descrevem inadequadamente a experiência. E, ao mesmo tempo, uma revelação pela introvisão, conquanto inexprimível, deixa profunda impressão.

Os mosteiros budistas, os templos hindus e as igrejas cristãs cultivam metodicamente esse tipo de consciência. A elevação da consciência baseada na meditação separa a mente das sensações exteriores. São João da Cruz descreve o processo como "contemplação escura". Santa Teresa expõe-no deste modo:

> A alma está plenamente desperta no que concerne a Deus, mas completamente adormecida no que concerne às coisas deste mundo e a

respeito de si mesma. Durante o curto tempo em que dura a união, ela fica como privada de todo e qualquer sentimento e, ainda que o quisesse, não lograria pensar em coisa alguma... Em suma, ela está completamente morta para as coisas do mundo.[7]

Embora estados mais elevados de consciência propiciem introvisões do passado e do futuro, as revelações mais importantes que fluem dos estados mais elevados de consciência são teológicas ou metafísicas.

> Santo Inácio confessou um dia... que uma única hora de meditação lhe havia ensinado verdades sobre as coisas do céu maiores do que todos os ensinamentos que todos os doutores reunidos poderiam ter-lhe ensinado.[8]

A experiência religiosa, fundamentalmente, é a experiência de uma dimensão mais alta da consciência. Experiência intensamente pessoal, sua ocorrência se associa mais amiúde ao crescimento pessoal interior do que à prática ou à busca da religião ortodoxa. As instituições religiosas e as igrejas podem ter uma influência importante sobre nossas crenças e a nossa realidade. Elas podem ser uma força para o bem, oferecendo uma estrutura dentro da qual se reúnem os humanos no culto comum do seu Deus. Entretanto, indivíduos que se contentam com seguir as observâncias religiosas convencionais de seu país ou da sua raça, às vezes se encontram num ambiente espiritualmente moribundo. A respeito deles diz William James:

> A sua religião foi feita para ele por outros e lhe foi comunicada pela tradição, decidida a seguir por formas fixadas pela imitação e conservadas pelo hábito.[9]

As experiências religiosas para esses seres humanos são poucas e sentidas vagamente. Carl Jung descreveu o vazio da religião moderna e o seu efeito sobre o homem da seguinte maneira:

> ... o homem moderno espera alguma coisa da psique (alma) que o mundo exterior não lhe deu; com certeza alguma coisa que a nossa religião deveria conter, mas já não contém pelo menos para o homem

moderno. Para ele, as várias formas de religião já não parecem vir de dentro, da psique; parecem-se mais com itens do inventário do mundo exterior. Nenhum espírito não procedente deste mundo condescende em dar-lhe uma revelação interior; em vez disso, ele experimenta uma variedade de religiões e crenças, como se fossem roupas de domingo, só para atirá-las fora de novo, como roupas estragadas pelo uso.[10]

O homem procura o conhecimento interior. Após séculos de fé cega, estamos assistindo ao florescer de uma busca pessoal da verdade do eu interior. Isso redundou num aumento do interesse pela astrologia, pela psicologia, pelos fenômenos psíquicos, pela parapsicologia, pelo espiritualismo e pela teosofia, entre outros. A característica fundamental desse movimento é uma procura do conhecimento por meio da experiência. Jung atesta:

> O homem moderno execra a fé e as religiões que nela se baseiam. Só as considera válidas na medida em que o conteúdo dos conhecimentos delas parece estar de acordo com a sua experiência dos antecedentes psíquicos. Ele quer saber — experimentar por si mesmo.[11]

Essa mudança radical na percepção deve-se ao sucesso da ciência ao explicar nosso mundo tridimensional. Quando a Igreja Cristã perdeu a ascendência sobre nossas crenças, a humanidade preferiu o conceito do conhecimento ao da fé. As novas religiões passaram a enfatizar, cada vez mais, a experiência direta e contêm, freqüentemente, um verniz de ciência. Para muita gente, os dogmas, o culto ritualizado e a objetivação de Deus despiram o Cristianismo da experiência mística. Por causa disso, há hoje um número cada vez maior de pessoas que seguem o caminho da espiritualidade. A busca da experiência religiosa registra-se nas mentes desses homens e mulheres enquanto procuram sentido nos reinos mais elevados da consciência.

Psicologia e consciência

A consciência faz parte da psicologia, segundo teorias que tentam explicar o funcionamento da mente. A maior parte das teorias sobre a consciência reconhece a existência de níveis diferentes de consciência, entre os quais figuram o subconsciente e o inconsciente. A compreensão do inconsciente remonta ao início da história. Plotino no século II d.C., Santo Agostinho no século IV e Cudworth no século XVII referem-se ao conhecimento ilimitado e às características intuitivas da mente.[12] O inconsciente era visto como um manancial de sabedoria e iluminação e, como tal, tido por verdadeira ligação com as dimensões espirituais.

O conceito geral dos processos mentais do inconsciente, elaborado por volta de 1700, passou a ser moda entre 1870 e 1880. Pouco a pouco, a racionalidade da ciência assumiu o controle e, mais ou menos no princípio do século XIX, começou a tomar forma uma espécie de psiquiatria, divorciada da religião. No fim do século, o estudo da religião perdera as implicações secundárias e era encarado como fenômeno científico. O primeiro pólo da consciência a ser compreendido foi o ego, que se definiu como o componente da personalidade do eu que é consciente, controla imediatamente o comportamento e está mais em contato com a realidade externa.

Antes de poder desenvolver sua "perspectiva espiritual", a psicologia teve de completar primeiro seu desenvolvimento científico. Isso foi realizado principalmente por Freud, que era, acima de tudo, médico e cientista. Foi ele o primeiro psiquiatra a estudar, sistemática e cientificamente, o material inconsciente. A principal abordagem de Freud consistiu em trazer para o primeiro plano o material inconsciente da infância. Freud criou um modelo da mente dividido em três sistemas: o consciente, o pré-consciente e o inconsciente. O sistema consciente contém as idéias de que damos tento. O pré-consciente contém idéias de que não damos tento imediatamente, mas que podem ser trazidas ao consciente se nelas concentrarmos nossa percepção. Em compensação, o inconsciente contém idéias que reprimimos. Carl Jung expandiu a teoria de Freud subdividindo o inconsciente em inconsciente pessoal e inconsciente coletivo. A maior parte da psicoterapia contemporânea se concentra no inconsciente pessoal.

Nos últimos trinta anos, uma série de desenvolvimentos, conhecidos coletivamente como Psicologia Transpessoal, religou os traumas da mente às emergências espirituais.[13] Levando a psicologia para o reino da alma e da espiritualidade, essa nova onda de teoria, que incorpora, estende e amplia as teorias anteriores, admite a realidade da alma, que está sendo aceita como força viva dentro de cada um de nós; já se lhe reconhece a natureza eterna e já se define a relação do ego com a alma.

A regressão a acontecimentos passados é um instrumento bem documentado, utilizado por terapeutas para provocar uma resposta catártica nos pacientes. A regressão a vidas passadas é semelhante. Em vez de limitar-se à vida presente, traz à consciência material de vidas anteriores. Praticam essa forma de regressão centenas de terapeutas com resultados impressionantes. As origens de todos os tipos de fobias podem ser detectadas, entendidas e eliminadas da vida presente. A crença em vidas passadas tem séculos de existência e mais de dois terços da população do mundo acata tais idéias dentro da estrutura de filosofias religiosas orientais. Uma vez que transcendem o tempo e o espaço, as lembranças precisam ser associadas à mente-alma.

Um aspecto da psicoterapia transpessoal, que também tem estreita relação com a nossa indagação, é a Desordem da Personalidade Múltipla (DPM). Os pesquisadores estão descobrindo que as pessoas que sofrem de DPM freqüentemente não têm conhecimento das diferentes personalidades existentes simultaneamente dentro delas. Personalidades alternativas podem ser muito dessemelhantes na fala, nos padrões de pensamento, nos humores e no temperamento. As diversas personalidades, depois que dominaram capacidades físicas e habilidades interpessoais distintas, são capazes de falar várias línguas estrangeiras. Também podem sofrer de doenças diferentes. Se uma personalidade, por exemplo, exibe sintomas de diabete, as outras talvez não exibam os mesmos sintomas. Uma personalidade pode sofrer de miopia e outras de hipermetropia; uma pode ser destra e a outra, canhota.

Um psiquiatra que clinicava em Chicago, Bennett Braun, referiu o caso de uma mulher que exibia marcas de queimadura na pele quando certa personalidade alternativa emergia na terapia.[14] As marcas de queimadura desapareciam quando uma personalidade diferente se achava presente. Essa mulher havia sido brutalmente torturada na infância pelo irmão e pela mãe, que costumavam apagar cigarros no braço dela. Scott Miller, psicólogo que exerce a profissão na Califórnia, refere o caso de uma paciente, às voltas com tentativas de largar a heroína, que deixava de apresentar os sintomas da droga quando outra personalidade assumia o controle.[15]

Durante a terapia é normal o terapeuta descobrir uma personalidade que é sempre a que ajuda a si mesma intimamente. Essa personalidade, sempre cooperativa, mostra muita introvisão, não tem emoções negativas e é jovial e compassiva. Aparece em todos os casos de DPM. À diferença de outras alternativas, cuja origem pode ser rastreada por meio da hipnose e atribuída a determinado período traumático, a personalidade que ajuda a si mesma dirá provavelmente: "Eu sempre existi."[16]

Diversas conclusões podem ser tiradas dessa breve visão da relação entre a ciência, a religião e a psicologia e a consciência. Primeira, a consciência está presente em toda a matéria. Segunda, a matéria é moldada pela consciência por meio da energia associada aos nossos pensamentos e às nossas crenças. Terceira, ao transferir nossa percepção para estados mais elevados de consciência, entramos num reino de alegria e paz. Tudo existe nesses estados mais elevados de consciência como um campo de energia. A qualquer momento do tempo, o campo de energia se expressa de forma física especial, mas tem potencial para expressar-se de outras formas em outras ocasiões, de acordo com nossos pensamentos e crenças. Para compreender plenamente a nossa realidade tridimensional, precisamos examinar o campo de energia da quarta dimensão da consciência. O campo de energia contém todas as informações da nossa história passada e do nosso potencial para o futuro. É a sede da alma.[17]

Para compreender plenamente nossa realidade tridimensional, precisamos examinar o campo de energia da quarta dimensão da consciência.

A física quântica confirmou amplamente que a matéria pode ser compreendida como energia muito densa. O corpo pode ser percebido e compreendido mais como energia do que como matéria. D. J. Benoir e R. Benoir

A matéria é o veículo para a manifestação da alma neste plano da existência, e a alma é o veículo num plano mais alto para a existência do espírito, e estes constituem uma trindade sintetizada pela vida, que impregna todas elas. Helena Blavatsky

Com a consciência comum, você não pode nem mesmo começar a saber o que está acontecendo. Saul Bellow

Um dos erros mais comuns é considerar que o limite do nosso poder de percepção é também o limite de tudo o que existe para ser percebido. C. W. Leadbeater

A distinção entre passado, presente e futuro é apenas uma ilusão, embora seja uma teimosa ilusão. Albert Einstein

3

A quarta dimensão da consciência

A raiz da nossa dificuldade para compreender a quarta dimensão da consciência é a percepção. Percebemos o mundo e agimos reciprocamente com ele por meio dos cinco sentidos físicos. Tudo o que conhecemos pessoalmente a respeito do mundo exterior é experimentado por intermédio de uma combinação desses sentidos. Nossos sentidos são limitados e, por isso mesmo, estão em desacordo com muita coisa que a ciência nos diz. Por exemplo, podemos quedar-nos num campo cercado de árvores, num dia belo e calmo, e nada se moverá. Tudo está imóvel e sereno. Na realidade, porém, estamos na superfície de um globo que gira sobre o seu eixo e roda no espaço em torno de um sol situado a milhões de milhas de distância. Somos incapazes de sentir qualquer um desses movimentos e, no entanto, se uma brisa, por mais leve que seja, se levantar, nós a sentiremos imediatamente. Da mesma forma, podemos estar numa esquina de Nova York num domingo e, na terça-feira seguinte, numa esquina de Sydney, na Austrália. Ora, em qualquer uma dessas esquinas estaremos de ponta-cabeça em relação à outra esquina, mas não percebemos isso. Existem grandes extensões de som que não podemos ouvir e grandes extensões de radiação que não podemos ver nem sentir. Diz-nos a ciência que, quando decompomos a matéria em suas partes componentes, tudo se reduz a energia. E a não ser que despertemos nossos sentidos interiores, não podemos ver nem sentir essa energia. Tudo o que vemos é a forma física que ela assume, como se estivéssemos presos dentro de um corpo que só nos permite experimentar uma parte muito pequena da realidade — a terceira dimensão da consciência.

A ciência compreendeu há muito tempo que vivemos num mundo multidimensional. Familiarizado com esse conceito, disse Einstein, de uma feita:

> O não-matemático sente-se tomado de um estremecimento misterioso quando ouve falar em coisas quadridimensionais, por uma sensação que não difere do oculto. Mas não existe declaração mais corriqueira do que a de que o mundo em que vivemos é um contínuo quadridimensional.[1]

Vivemos num mundo multidimensional mas, em virtude das limitações dos sentidos e das crenças, nossa percepção se concentra numa consciência tridimensional. A tridimensionalidade não é propriedade do mundo, mas dos nossos sentidos.

A tridimensionalidade não é uma propriedade do mundo, mas uma propriedade dos nossos sentidos.

Para nós, parece difícil experimentar e compreender a quarta dimensão. Um mundo em que o espaço e o tempo se entrelaçam num único contínuo desafia nossos sentidos e nossas crenças. Ainda que Einstein nos tenha mostrado que a energia e a matéria são intercambiáveis ($E = mc^2$), é quase impossível concebermos um mundo totalmente baseado na energia.

Um dos modos por que podemos começar a entender a quarta dimensão da consciência é comparar a percepção existente num mundo bidimensional com a percepção que existe num mundo tridimensional. Extrapolando os resultados, podemos obter um sentido de como a consciência quadridimensional se compara com a tridimensional. A maneira de fazê-lo é praticar o que chamo de exercício dos cinco dedos.

O exercício dos cinco dedos

Pegue uma folha de papel e estenda-a sobre uma superfície plana. Imagine que na superfície desse papel mora uma pessoinha muito pequenina. Essa pessoa vive na "Terraplana". Para ela, o mundo tem comprimento e largura, mas carece da altura. Em outras palavras, essa pessoa vive numa consciência bidimensional. Vem depois um ser humano com uma consciência de três dimensões e coloca os dedos de uma das mãos sobre a superfície de Terraplana.

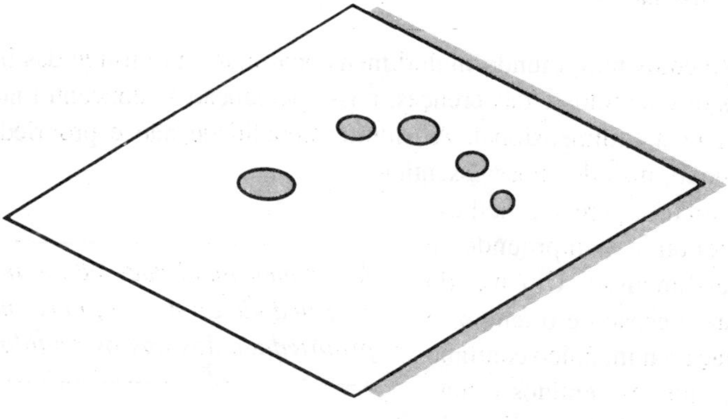

Figura 2: A projeção de cinco dedos na consciência bidimensional

Imagine que o morador de Terraplana saiu pela manhã para dar uma volta. Ao passar por aquele lugar, na véspera, nada notara de anormal. De repente, da noite para o dia, cinco círculos separados apareceram (a projeção dos cinco dedos na consciência bidimensional). O ser bidimensional, mistificado pelo aparecimento dos cinco círculos, chama um amigo, um cientista bidimensional, e pede-lhe que explique a natureza dos cinco círculos. O cientista examina-os com o auxílio da sua lógica bidimensional. Suas experiências mostram que os círculos podem mover-se independentemente, dentro de certos limites mas, se ele aplicar força num dos círculos, este acabará parecendo arrastar os círculos restantes consigo (embora pareçam estar separados, os dedos da mão estão ligados numa dimensão de consciência que os seres bidimensionais não percebem). O cientista bidimensional repete as experiências. Constrói equações para verificar a relação dos círculos entre si e, em pouco tempo, acredita saber tudo que há para saber a respeito deles.

Convoca uma reunião da academia dos cientistas bidimensionais para mostrar-lhes a sua descoberta. Os cientistas bidimensionais repetem as experiências e obtêm resultados semelhantes. Toda a gente no mundo bidimensional acredita saber tudo o que há para saber a respeito dos cinco círculos.

Vendo-os desde a perspectiva da consciência tridimensional, sabemos que eles não são cinco círculos separados. São os cinco dedos de uma mão, que pertence a um organismo vivo. Os seres bidimensionais não se deram conta dessa realidade mais ampla. No seu entender, os cinco círculos se achavam fisicamente separados, conquanto reconhecessem que eles, de certo modo, estavam ligados uns aos outros, provavelmente por um tipo qualquer de campo de força. Sua noção da ligação entre os dedos era incompleta porque não podiam perceber a dimensão superior da consciência.

Essa é a situação em que nos encontramos no que diz respeito à quarta dimensão. Inúmeras experiências nossas parecem desligadas umas das outras mas, na realidade, estão ligadas, e têm sua origem na quarta dimensão ou em outras dimensões ainda mais elevadas da consciência. Tentamos explicar algumas com a nossa lógica tridimensional — o domínio da ciência — ao passo que outras são simplesmente inexplicáveis. Classificamo-las como experiências paranormais, sincrônicas ou místicas. Utilizamos esses sistemas convenientes de classificação para encobrir nossa ignorância.

Quando concentramos a percepção exclusivamente na terceira dimensão, focalizamos um mundo de símbolos e efeitos, cujas causas podem residir na terceira, na quarta, ou ainda em dimensões mais elevadas da consciência. A pessoa comum, que se fia dos sentidos tridimensionais, simplesmente não dá tento da conexidade e da unidade que existem nas dimensões superiores da consciência.

Há mais um ponto que temos de considerar em se tratando do exercício dos cinco dedos. Assim como os seres bidimensionais, que submetiam a experiências o fenômeno dos "dedos", não suspeitavam de que os dedos eram operados pela mente de um ser tridimensional, assim, no nosso mundo tridimensional, não temos a menor idéia do domínio que a alma tem sobre a vida. Certos acontecimentos se manifestam em nossa existência porque nossa alma os escolheu como experiências de aprendizado para a nossa personalidade. Não existe o acaso. E nem tudo está predestinado. A alma prepara experiências potenciais de aprendizado para nós porque opera num nível de consciência em que está em contato com outras almas. Quando nos juntamos a outras pessoas em situações significativas estamos promovendo, com efeito, uma colaboração de almas; mas, para a maioria de nós, que vivemos numa consciência tridimensional, aquilo se nos afigura um evento casual.

Recorramos a outra analogia. Pegue um pente e cubra-lhe a metade superior. O que você vê são os dentes desconexos do pente. Quando descobre a metade superior, você percebe que os dentes estão unidos uns aos outros nesse nível superior. O pente, de fato, sem a conexão do nível superior, se desmancharia e não poderia executar o seu serviço.

Como seres humanos, também somos assim. Na consciência tridimensional, nós nos percebemos como seres humanos separados, semelhantes aos dentes do pente. Quando alçamos nossa percepção para um plano mais elevado da consciência, vemos a ligação. Assim como os dentes separados não terão o menor sentido enquanto não percebermos que pertencem a um pente, assim também é difícil compreender nosso próprio eu e nosso propósito enquanto não tivermos percebido a existência da nossa alma.

Não temos uma nítida compreensão do que está realmente acontecendo em nosso mundo físico. A lógica de que nos valemos para explicar os fatos é puramente tridimensional. Assim como o cientista bidimensional acreditava conhecer tudo o que havia para conhecer a respeito dos cinco círculos, assim também cremos conhecer tudo o que há para conhecer a respeito dos fenômenos tridimensionais. A ciência, e particularmente a medicina, vê-se em papos de aranha para explicar eventos que têm amiúde raízes na mente e nos reinos mais altos da consciência.

Uma vez que a ciência oferece resultados verificáveis e mensuráveis, tendemos a acreditar que tudo existe dentro dos limites da nossa percepção tridimensional, ao passo que, na verdade, muito daquilo que estamos forcejando por compreender está enraizado em outros níveis da consciência de que só temos uma vaga noção. Quando o percebe, você começa a compreender que a nossa interpretação dos sucessos é, o mais das vezes, fragmentária e produto de intensa racionalização a partir de uma base incompleta de conhecimentos. Somos parecidos com o cientista bidimensional, que tenta explicar alguma coisa que só poderá ser explicada totalmente se assumirmos a perspectiva de uma dimensão mais elevada. Em nosso estado normal de percepção, percebemos unicamente a perspectiva tridimensional do nosso mundo multidimensional. O que vemos é a projeção das dimensões superiores da consciência em nosso mundo tridimensional e a tomamos pela experiência total. Em outras palavras, temos um sentido incompleto de causalidade.

Você pode perguntar: "Por que não temos uma percepção maior da quarta e da quinta dimensões da consciência na nossa vida diária?" A resposta é que bloqueamos essa perspectiva da nossa realidade com o conhecimento tridimensional. Quando crianças, muitos de nós estivemos em contato com essa realidade. Disseram-nos que os seres de energia que víamos, e com os quais nos comunicávamos, simplesmente não existiam. Pouco a pouco, aprendemos a negar esse aspecto da nossa realidade. Fechamo-nos para a quarta dimensão da consciência. Entretanto, a capacidade de entrar em contato com outras dimensões da consciência — por intermédio da intuição, da telepatia, da visão de auras, da escrita automática, da canalização de vozes de seres não-físicos[2] — pode ser recuperada. Muitas centenas de milhares de pessoas em todo o mundo estão descobrindo que possuem essas capacidades.

Comparando a terceira e a quarta dimensão da consciência

Para consolidar nosso entendimento da realidade multidimensional em que vivemos, talvez valha a pena, neste ponto, comparar o que

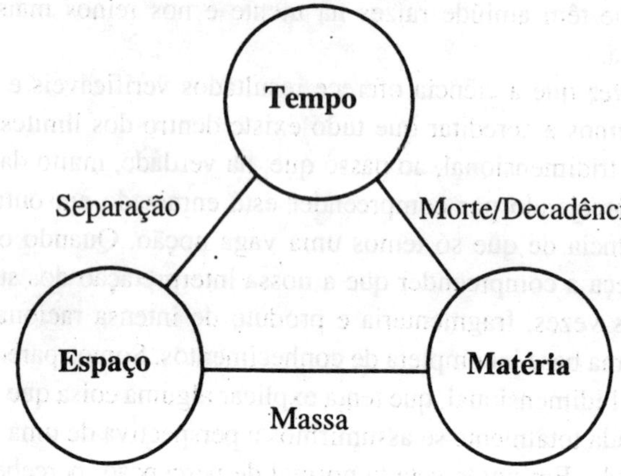

Percepção tridimensional

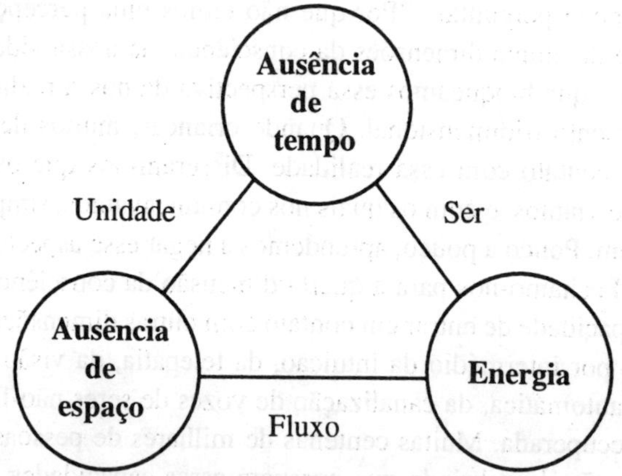

Percepção quadridimensional

Figura 3: Aspectos da percepção na consciência tridimensional e quadridimensional

sabemos acerca da terceira e da quarta dimensão da consciência. Os aspectos fundamentais da nossa percepção da consciência tridimensional são o tempo, o espaço e a matéria. O tempo e o espaço nos dão a ilusão da separação, o tempo e a matéria nos dão a ilusão da morte e da decadência, e o espaço e a matéria nos dão a ilusão da massa.

Os aspectos fundamentais da percepção na quarta dimensão da consciência são a ausência de tempo (eternidade), a ausência de espaço (onipresença) e a energia. Sem o tempo e o espaço para dar-nos a ilusão da separação, experimentamos a unidade. Sem o tempo e a matéria para dar-nos a ilusão da morte e da decadência, experimentamos um sentido permanente de ser. Finalmente, sem a matéria e o espaço para dar-nos a ilusão da massa, experimentamos um fluxo constante de energia. Na quarta dimensão da consciência só existe um momento eterno, a que chamamos agora, e tudo existe em forma de energia.

O campo de energia

A aura, ou campo de energia do corpo, bem conhecida na China e na Índia, forma a base dos seus sistemas tradicionais de cura. Associados à aura humana existem sete centros principais de energia, conhecidos como chakras, que são os principais pontos de ligação entre o campo de energia e o corpo físico. A energia flui através dos chakras e anima o corpo. A energia flui, a partir dos chakras, ao longo de uma fina rede de canais conhecidos como corpo etérico. São esses os meridianos usados na acupuntura. Quando sobrevêm bloqueios da energia em qualquer ponto da rede, surgem as moléstias. A causa de todas as moléstias começa no campo de energia e manifesta-se no corpo físico.

Importa compreender que o corpo não tem um campo de energia, mas é o campo de energia que tem o corpo físico. O campo de energia pertence à alma. De acordo com Barbara Brennan, há diversos campos de energia interligados e encasulados na aura.[3] Os campos de energia externos formam o corpo espiritual e vibram numa freqüência altíssima. Contidos no interior do corpo espiritual, e muito intimamente associados ao mundo físico, estão o corpo mental, o corpo emocional e o corpo etérico. Cada corpo vibra numa freqüência inferior à do corpo que o contém. O corpo físico vibra na freqüência mais baixa de todas e é moldado pelo corpo etérico.

Quando a energia pura, que emana do corpo espiritual, flui através dos outros corpos, a freqüência da vibração diminui e a energia se fragmenta. As estruturas de crença do corpo mental filtram e modificam a energia num padrão energético único, que é a sua personalidade. A presença de crenças do medo influi na freqüência da vibração da sua personalidade. O medo provoca a diminuição das vibrações do campo de energia. Essas modificações do campo de energia, que ocorrem no corpo mental, são sentidas nos corpos inferiores. A preguiça que você sente depois de um dia muito estressante se deve ao impacto produzido pelas suas crenças de medo sobre o seu sistema de energia. Num dia como esse, você volta para casa extenuado porque diminuiu a freqüência vibratória do seu campo de energia.

Não é o corpo que tem um campo de energia, mas é o campo de energia que tem um corpo físico.

Da mesma forma, quando passa por uma experiência inspiradora, você sente sua energia aumentar. A meditação também reequilibra o corpo, pois eleva sua percepção aos níveis espirituais da aura, onde você experimenta as freqüências mais altas de vibração e libera a energia vibratória inferior do medo, substituindo-a pela energia vibratória mais elevada do amor.

Valerie Hunt, fisioterapeuta e professora de cinesiologia na Universidade da Califórnia, em Los Angeles, desenvolveu um modo de confirmar experimentalmente a existência do campo de energia humana e mediu a extensão das freqüências sob as quais ele pode operar.[4] Faz muito tempo que a ciência tomou conhecimento dos campos eletromagnéticos do corpo. Hunt conseguiu medir a atividade elétrica do campo humano de energia fora do corpo. Descobriu que a maioria das pessoas cuja consciência focaliza firmemente o mundo físico tem campos de energia numa faixa de freqüência de 250 ciclos por segundo, mais ou menos, perto das próprias freqüências biológicas do corpo. Constatou Hunt que as pessoas dotadas de capacidades psíquicas ou de cura apresentavam freqüências de 400 a 800 ciclos por segundo em seu campo de energia. Canalizadores que entram em transe não tomam conhecimento dessas freqüências e operam numa faixa estreita entre 800 e 900 ciclos por segundo. As freqüências acima de 900 ciclos por segundo correspondem a personalidades místicas. Hunt encontrou pessoas com freqüências que chegavam a 200.000 ciclos por segundo. Essas personalidades vibratórias superiores parecem estar em contato com outros níveis de consciência. Elas estão a par do relacionamento cósmico recíproco de todas as coisas. Para essas pessoas o mundo é experimentado como um campo de energia unificado.

Sete níveis de consciência

Segundo várias tradições filosóficas e religiosas, nossa mente multidimensional tem a capacidade de experimentar sete níveis de consciência. Os três primeiros — a vigília, o sonho e o sono profundo — fazem parte da experiência diária de cada um. No quarto nível de consciência, você transcende o sentido do físico e experimenta sua alma. Esse estado de consciência pode ser alcançado pela meditação. Durante os períodos de meditação (também conhecidos como resposta de relaxamento) o corpo e os sistemas neurológicos sentem um relaxamento puro. Ao mesmo tempo, a mente se aquece num reino de paz, de alegria e amor, fora do espaço, do tempo e dos sistemas de crenças tridimensionais. Estudos após estudos mostram que os que meditam com freqüência vivem mais tempo, precisam menos de hospitais e de consultórios médicos e têm uma visão mais positiva do que os que não se entregam à meditação.

A meditação é particularmente benéfica para aprimorar as relações entre as pessoas, e particularmente benéfica para os que sofrem de alguma doença do coração. Quanto mais freqüentes forem os períodos de meditação, mais duradouros serão os seus efeitos.

Além do quarto nível da consciência, ou consciência da alma, há um quinto estado, conhecido como consciência cósmica. Nesse estado de consciência da alma, sua personalidade e sua alma se tornam permanentemente indistinguíveis. A personalidade se identifica totalmente com a alma em todos os momentos e você experimenta um estado de funcionamento mental e fisiológico livre do medo. Nesse estado, a cons-

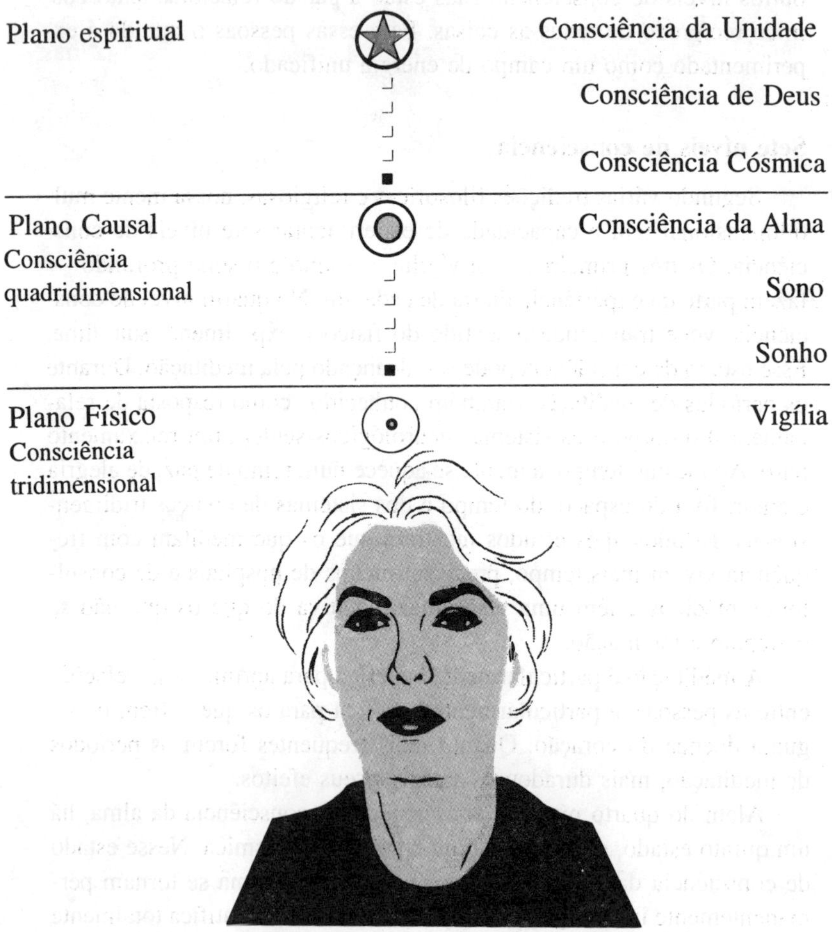

Figura 4: Os sete níveis da consciência

ciência de grupo sustenta todos os impulsos do pensamento e do sentimento, e você realiza sem esforço seus desejos, ao mesmo tempo que apóia simultaneamente os interesses de outros. Nesse estado, você opera segundo o princípio da auto-referência. Isso quer dizer que será capaz de viver sua vida em toda a plenitude sem jamais sentir necessidade de solicitar a aprovação de qualquer indivíduo ou instituição. Isso lhe dá liberdade para criar a sua própria realidade.

No sexto nível de consciência, conhecido como consciência de Deus, você experimentará inteiramente sua unidade com todas as várias manifestações da alma. Terá uma percepção completa do aspecto da alma de todas as outras formas de vida. Subsistirá tão-somente o sentido mais sutil de separação entre a sua percepção e a de todas as outras almas. Desenvolve-se, nesse estado de consciência, uma ligação íntima entre o eu e tudo o mais. Glorifica-se a criação física. Finalmente, no sétimo nível, você adquire a consciência da unidade. Nesse nível, experimenta o mais alto valor da auto-referência. Funde-se o eu com o aspecto do eu de todas as outras formas de criação, numa unidade total. Não há separação entre o conhecedor e o objeto do conhecimento, o que representa a culminação do desenvolvimento da alma.

A alma manifesta-se na consciência tridimensional para aprender as lições que lhe facultarão a evolução para a consciência da unidade. A personalidade pode ajudar ou estorvar a alma. Na procura da harmonia da personalidade com a alma, você poderá assistir sua alma realizando o seu propósito. Para cooperar plenamente, terá de transferir sua perspectiva da terceira para a quarta dimensão. Precisará aprender a compreender a vida do ponto de vista de sua alma.

A mente é a consciência que impõe limitações a si mesma. Ramana Maharshi

O número total das mentes é apenas um. Edwin Schrodinger

Quando harmonizamos nossos pensamentos, emoções e ações com a parte mais elevada de nós mesmos, enchemo-nos de entusiasmo, propósito e sentido. Gary Zukav

Nós não vemos as coisas como elas são, mas como nós somos. O Talmude

Em última análise, precisamos amar para não adoecer. Sigmund Freud

Quando nos sentimos incapazes de encontrar a tranqüilidade dentro de nós mesmos, será inútil procurá-la fora de nós.

La Rochefoucauld

4

Quem sou eu?

Em todo o transcurso da história há uma frase, acima de todas as outras, reconhecida como portadora da chave da sabedoria — "Conhece-te a ti mesmo". Essa frase foi desenhada na pedra, acima da entrada do templo de Apolo em Delfos, e a ela se referem como a "luz mais alta" os textos sagrados hindus de *Os Upanishads*. É difícil tarefa lograr o conhecimento de si mesmo, mas é também uma das mais gratificantes. Muitos tentam atingir esse entendimento levando uma vida de contemplação e estudo, ou passando o tempo em retiros. As introvisões alcançadas podem ser compensadoras, mas carecerão de significado enquanto você não as levar à prática na sua vida cotidiana. Essa é a parte difícil. Embora seja relativamente fácil conhecer a paz e a harmonia no recesso do seu quarto, ou vivendo numa comunidade espiritual, quando você deixa o seu santuário e ingressa no mundo maior, sua paz interior se desvanecerá num instante se você não tiver integrado plenamente em sua vida as introvisões do autoconhecimento. Só por meio da interiorização das vicissitudes da vida você realmente chegará a conhecer-se.

Uma mente

A procura do autoconhecimento leva-nos a uma jornada pela consciência afora e conduz-nos diretamente à mente, pois é lá que encontramos a verdadeira expressão do nosso ser. O corpo é tão-só o veículo da mente na consciência tridimensional. Antes de seguir adiante, definamos alguns termos básicos que encontraremos a miúdo no restante deste livro — cérebro, mente, consciência, alma e espírito. O cérebro é o órgão físico encerrado no interior do espaço e do tempo e é a parte do sistema nervoso central, fechada no crânio, que controla e coordena os sistemas autônomo e de imunidade. Ao contrário do que supõe a opinião popular, o cérebro *não* é o depósito das nossas lembranças. Se ele as guardasse fisicamente, seríamos capazes de encontrar certas lembranças associadas a partes específicas do cérebro. A pesquisa de Karl Lashley confirma não ser esse o caso. Ele treinou ratos para executar uma variedade de tarefas e, em seguida, lhes removeu cirurgicamente várias porções do cérebro. E constatou que, fosse qual fosse a porção do cérebro removida, os ratos ainda repetiam as tarefas que lhes tinham sido ensinadas. Então, Lashley concluiu que as lembranças não estão localizadas em nenhum lugar específico do cérebro.[1] O que dá a entender que a mente, e não o cérebro, é o depósito das nossas lembranças.

Somente interiorizando as vicissitudes da vida você realmente chegará a conhecer a si mesmo.

A mente difere do cérebro. Como não é um órgão físico, não pode ser localizada no espaço e no tempo e não pode ser percebida pelos nossos sentidos. O principal atributo da mente é a consciência. É o cadinho dos nossos pensamentos e a nossa ligação com os estados superiores da consciência.

Quando o corpo morre, a força organizadora que lhe dá vida e faz dele um todo em pleno funcionamento volta completamente à quarta dimensão da consciência. O corpo físico principia, então, a decair. Essa força organizadora é a alma. A energia que dá vida ao corpo e à alma chama-se espírito. A alma modela o corpo, o espírito energiza o corpo. Quando a alma se retira do corpo, a energia do espírito, que pertence à alma, retira-se com ela. Na ausência da força vital e do princípio organizador da alma, nada há que mantenha unidas entre si as células do corpo. Elas perdem a natureza coesiva, desintegram-se e voltam aos elementos químicos básicos. Quando enterramos nossos mortos, devolvemos esses elementos ao solo de onde vieram.

Os que acreditam em alguma forma de vida após a morte geralmente encaram a alma como a "entidade" que transcende a morte. Se a mente continua a ter percepção após a morte, ela precisa estar contida na alma. Os relatos verbais de pessoas, declaradas clinicamente mortas, que voltaram à vida (experiências de quase-morte), deram a entender claramente que a percepção continua fora do corpo. Assim sendo, a alma e a mente têm de ser consideradas partes da mesma entidade. Revendo as histórias dos que tiveram experiências de quase-morte, Michael Talbot conclui que essas pessoas vêem e conhecem coisas que elas não têm meios sensoriais normais para ver e conhecer.[2] Os que foram declarados clinicamente mortos, sem nenhuma atividade cerebral por várias horas, e voltaram à vida, parecem não ter notado uma mudança na percepção, ainda que tivessem estado ausentes do corpo. Em muitos casos, viram efetivamente o próprio corpo deitado abaixo deles. Poderiam essas lembranças ser recordadas num cérebro que tivesse encerrado suas atividades? Ou fazem elas parte da mente? Talbot chega à conclusão de que as experiências de quase-morte oferecem provas amplas de que a mente existe independentemente do cérebro.

A mente não só nos permite estar em contato com outras dimensões da consciência, mas também nos permite transcender o espaço e o tempo.

Os que passaram por uma experiência de quase-morte quase sempre se transformam. Tornam-se mais felizes, mais otimistas, mais tolerantes, e menos preocupados com bens materiais. Mas o que sobretudo impressiona é que sua capacidade de amar se expande muitíssimo e, paralelamente, aumenta o seu interesse pela espiritualidade.[3] Essa experiência ocorre na quarta dimensão da consciência. Eles estiveram em contato com a própria alma.

A consciência ocorre quando você tem a percepção da sua própria existência e do seu ambiente. Diz-nos a ciência que a espécie humana, dentre todas as espécies, é a única que percebe que percebe. Criaturas e plantas demonstram ter consciência, mas percebem menos a própria individualidade. Elas tendem a operar na consciência de grupo. A mais inferior forma de vida pode não ter percepção grupal nem individual. Tem simplesmente percepção do ambiente. Nos estados superiores de consciência os humanos entram em conexão com outras almas enquanto mantêm sua individualidade.

A mente não só nos permite estabelecer contato com outras dimensões da consciência, mas também nos permite transcender o espaço e o tempo. A telepatia, ou seja, a capacidade de comunicar informações entre as mentes sem a ajuda dos sentidos físicos, é um fenômeno assaz conhecido. As mensagens telepáticas não se deixam influenciar pela separação espacial. Uma pessoa que tenha capacidades telepáticas pode, com a mesma facilidade, receber e enviar informações tanto a distâncias longas quanto a distâncias curtas. Aliás, nem os remetentes são necessários. Ter a percepção de acontecimentos registrados em outros tempos e lugares, sem estar presente, é inteiramente possível.

Um exemplo bem autenticado é o de Emanuel Swedenborg, cientista sueco, professor de religião e místico. Achava-se ele em Gothenberg, longe de Estocolmo, cidade onde morava, quando por volta das seis horas da tarde teve a visão de um incêndio no distrito vizinho de sua casa. Viu a casa de um amigo já reduzida a cinzas e a sua em perigo. Às oito horas da noite, ele declarou que o fogo se extinguira quando faltavam apenas três casas para chegar à sua. Os eventos precisos e a hora em que tinham ocorrido foram confirmados poucos dias depois.

A capacidade da mente de extrair alguma coisa de outros níveis de consciência é um tema explorado por Larry Dossey em seu livro *Reencontro com a Alma*.[4]* Médico, Dossey proporciona uma ampla síntese científica, religiosa e filosófica das provas para sustentar a idéia de que existe, dentro da mente humana, um nível de consciência partilhado por todo o gênero humano e por toda criatura viva. Numa série de

* Publicado pela Editora Cultrix, São Paulo, 1992.

experimentos separados, Dossey conta o modo pelo qual alunos pesquisadores foram preparados para acreditar que grupos específicos de estudantes, ratos e vermes eram mais inteligentes do que outros grupos. Volvido certo período de tempo, durante o qual os grupos "inteligentes" e "não-tão-inteligentes" receberam treinamento idêntico, os primeiros pareciam ter ido muito melhor nos testes do que os últimos. Os grupos, de fato, tinham sido reunidos ao acaso, mas os experimentadores não sabiam disso. A conclusão que se tirou foi a de que as crenças na mente destes últimos exerciam influência no desempenho dos estudantes, ratos e vermes. Os experimentadores influíam realmente nos diferentes grupos num nível partilhado da consciência. Outros experimentos, realizados com ratos e verificados por muitos experimentadores, mostram que gerações sucessivas de ratos, descendentes de pais treinados, aprendem a realizar experimentos cada vez mais rapidamente. Entretanto, as sucessivas gerações de ratos não treinados na linha de controle *também* aprendiam cada vez mais rapidamente. Nas primeiras experiências acima descritas tratamos da comunicação de crenças humanas com outros humanos e animais, ao passo que este caso trata da comunicação de conhecimentos adquiridos entre os próprios animais. Dossey resume da seguinte maneira sua explicação do que denomina a "mente não-local":

> No final, podemos optar por continuar a crer que somos criaturas locais, isoladas, condenadas, restritas ao tempo e ao corpo e separadas de todos os outros seres humanos — e dos reinos animal e vegetal. Ou podemos decidir abrir os olhos para a nossa natureza imortal, onipresente, e para a Mente Única do que faz parte cada um de nós. Se optarmos pela primeira, nada nos salvará. Se, todavia, optarmos por acordar para o nosso Eu divino, depararemos com uma nova aurora.[5]

Ela nos permite escolher. Podemos acreditar nas percepções dos sentidos e viver uma vida arraigada na consciência tridimensional e restrita a ela. Ou podemos reconhecer a na-

Nossa tendência para fragmentar o mundo é responsável por todos os nossos problemas.

tureza multidirecional da nossa mente e da sua ligação com toda a criação.

O físico David Bohm dá a entender que tudo no universo faz parte de um contínuo dessa natureza. Nós, os humanos, e toda a matéria somos redutíveis a formas de energia. Nesse estado somos todos constituídos da mesma "substância". Bohm acredita, com efeito, que a nossa tendência para fragmentar o mundo e não tomar conhecimento da interconexão dinâmica de todas as coisas é responsável por todos os nossos problemas. Vemos cada problema isolado do quadro maior, e passamos o tempo tentando tratar dos sintomas em vez de pesquisar as causas originais.[6] Sri Aurobindo, místico indiano, concorda com Bohm. Ele afirma que toda separação é uma ilusão. Todas as coisas estão fundamentalmente ligadas e inteiras. Nosso nível de consciência é diretamente proporcional ao grau de fragmentação que permitimos em nossas crenças a respeito de quem somos.[7]

Se a nossa consciência faz parte de uma mente-alma, por que não temos a percepção imediata de nossas existências passadas? A resposta é que, no nível anímico da nossa consciência, *temos* essa percepção, mas não a temos no nível da dimensão tridimensional. Quando a alma encarna, suas lembranças conscientes se transformam nas lembranças inconscientes da personalidade. Essas lembranças podem ser alcançadas por intermédio da meditação e da hipnose pela transferência da percepção para a dimensão anímica da consciência.

Um modelo da mente

A compreensão da relação entre a alma e a personalidade pode ser encontrada na obra do psiquiatra transpessoal italiano Roberto Assagioli.[8,9]

Assagioli (1888-1974), nascido em Veneza, dedicou a vida ao desenvolvimento do ramo da psicoterapia conhecido como psicossíntese. As técnicas da psicossíntese lograram considerável apoio nos círculos psicoterapêuticos desde os fins da década de 1950. A diferença básica entre a psicossíntese e a psicanálise clássica está em que a primeira reconhece a existência da alma. Enquanto a maioria dos psicoterapeutas se interessa apenas pela personalidade do cliente, na psicossíntese o cliente é visto como uma alma dotada de personalidade. O tratamento reintegra ou sintoniza a personalidade com a alma. O terapeuta trabalha com todo o espectro da consciência e reúne (síntese) as partes fragmentadas da personalidade reprimida do cliente. A alma é considerada básica e duradoura, ao passo que a personalidade é considerada superficial e mutável. Na psicossíntese, encontramos uma ponte estendida entre a religião e a psicologia. Assagioli desenvolveu um modelo da mente que contém a alma.

A forma oval da Figura 5 representa todos os aspectos da nossa psique pessoal, incluindo a dimensão da alma. No centro da oval está a autopercepção pura, que deriva da alma — a projeção da alma na consciência tridimensional. Cercando esse eu-alma, a que Assagioli se refere chamando-lhe "Eu", há um campo de consciência em que criamos a nossa realidade tridimensional. Esse é o domínio do ego, e com-

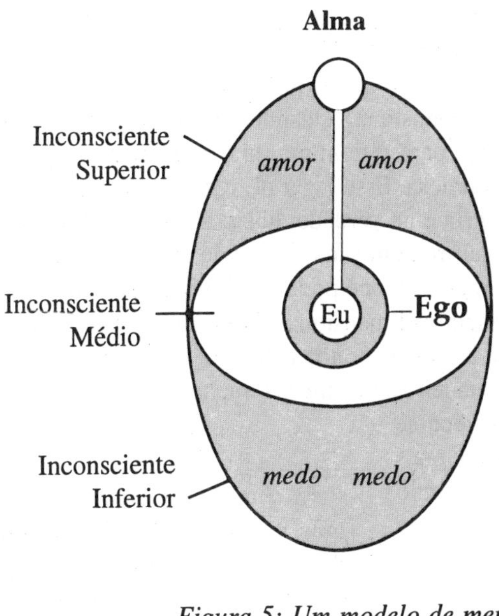

Figura 5: Um modelo de mente

preende um fluxo incessante de emoções, pensamentos e imagens. Juntos, o ego e o eu-alma compõem sua personalidade única. Você pode escolher onde concentrar sua percepção, no ego ou no eu-alma. Quando escolhe o eu-alma, você tem acesso imediato à sua alma e às altas energias do amor que o circunda. Quando escolhe o ego, você tem acesso às energias vibratórias inferiores do medo.

Para experimentar o mundo interior da mente-alma, você precisa concentrar sua percepção no eu-alma, o "Eu", o que envolve a eliminação dos pensamentos gerados pelo ego e a deslocação da sua percepção para o centro do seu ser. Esse movimento interior da consciência lhe permite deixar para trás os cuidados e preocupações do ego. Quando sua mente se aquieta e se concentra no eu-alma, você pode se elevar até sua alma e os níveis superiores da consciência.

O processo de abandono do ego e o tumulto da percepção tridimensional são uma forma de limpeza ou cura da mente. Quando você não toma banho, seu corpo fica sujo, microrganismos se alojam na sujeira, feridas aparecem e você acaba adoecendo. Quando não limpa a consciência acontece a mesma coisa. Seu ego prepara um refúgio para pensamentos e crenças que se apoderam da mente. Você se preocupa, se zanga, se sente deprimido. Você perde o controle e sente uma perda de liberdade. Você deixa que o mundo exterior o domine, e se perde na consciência tridimensional. Quando transfere a percepção para o eu-alma, ela se desloca para o domínio da consciência pura, onde é expurgada de todas as crenças. Esse lugar do verdadeiro ser, onde você pode aquecer-se na alegria e na verdade, libera as maquinações do ego à proporção que ele chafurda em seus medos do mundo exterior.

Com uma prática regular, você pode se desvencilhar dos cuidados do ego com a consciência tridimensional. Enquanto gasta tempo com a alma, você observa a realidade criada pelo ego. Compreende por que se comporta de certas maneiras e os medos que motivam esse comportamento. Quanto mais você se identifica com a sua alma, mais você aceita com entusiasmo uma vida sem medo. Você se move na sua personalidade e observa seus processos de raciocínio em vez de fechar-se

Para sentir a sua alma, sua mente precisa transcender as estruturas de pensamentos e crenças do ego.

em respostas automáticas estribadas em sistemas de crença cuja base é o medo. Você realiza a experiência da verdadeira liberdade. Nesse estado, o mundo se transforma numa fonte constante de oportunidades para você expressar seus talentos. Mas enquanto você não reconhecer que é seu esse lugar onde pode se destacar da agitação emocional do seu ego, você viverá aquém das suas possibilidades.

Envolvendo o campo da consciência da personalidade (o ego e o "Eu") está o inconsciente médio — nosso banco de memória pessoal da existência presente e o lugar em que processamos e racionalizamos nossas experiências cotidianas. Aqui fazemos julgamentos, desenvolvemos atitudes e aplicamos raciocínios fundamentados em nossas crenças. Voltando o projetor da nossa percepção para o inconsciente médio, podemos reviver no presente as experiências passadas. Podemos também confrontar as crenças que estamos preparados para reconhecer. Esse nível, ou seja, a nossa *persona*, contém apenas o que estamos aparelhados para aceitar na nossa realidade. Os pensamentos, sentimentos e crenças que temos medo de enfrentar, situados num nível mais profundo do inconsciente inferior, fazem parte da nossa *sombra*.

O inconsciente inferior esconde aquilo com que não queremos lidar e é o refúgio de todas as crenças baseadas no medo, que não reconhecemos. As crenças que encontramos nesse nível são as mais angustiantes. Freud concentrava-se sobretudo no inconsciente inferior, exatamente como faz hoje a maioria dos psicanalistas. Abraham Maslow escreveu em 1968: "... é como se Freud nos fornecesse a metade doente da psicologia e precisássemos agora preenchê-la com a metade sadia."[10] É exatamente o que faz a psicossíntese: introduz a alma no mapa da mente com a forma do inconsciente superior.

O inconsciente superior é o reino da sua alma. Nesse nível, você entra em contato com outras almas, guias, professores e ajudantes. Nessa quarta dimensão da consciência, sua alma sabe tudo a respeito da vida que você leva. Sua alma sabe por que encarnou, o que espera realizar e por que escolheu determinadas circunstâncias para a sua experiência de vida. Se quiser experimentá-la, você precisa transcender as estruturas de pensamentos e crenças do ego para alcançar o ponto de paz e imobilidade que é o "Eu". Muito parecido com o mover-se para o centro do olho ("Eu") de uma tempestade, você encontra um remanso tranqüilo onde cessa a agitação. Do "Eu" você sobe, pelo centro do vórtice, para um lugar sobranceiro à tempestade. Ao fazê-lo, ergue a percepção a um nível superior de consciência e aumenta a capacidade de elevar seu conhecimento da alma por meio da intuição.

Visto da perspectiva da alma, o ego é irreal; seus pensamentos derivam totalmente de crenças. Enquanto estivermos agarrados às nossas crenças, permaneceremos firmemente fixados na consciência tridimensional. Quando aquietamos a mente, cessa o pensamento e transcendemos nossas crenças. Saímos do ego para entrar no eu-alma. Só então podemos ter acesso à alma. E quando estabelecermos contato com ela, teremos feito uma ligação direta com a mente única.

A sintonia

A sintonia, também conhecida como desenvolvimento espiritual, é o processo de levar o ego a harmonizar-se com a alma. A sintonia ocorre quando a personalidade e a alma se fundem. Nesse estado de consciência você experimenta o amor incondicional. Tudo é perfeito. Nada está fora do lugar. Para chegar a essa condição, você precisa liberar seus medos e aprender a viver na consciência da alma.

A consciência tridimensional proporciona-lhe os postes de sinalização de que você precisa para prosseguir ao longo do caminho da sintonia. Toda vez que sentir alguma forma de mal-estar emocional ou físico, a razão é porque você deixou que os medos do ego superassem o amor da alma. A dor e o mal-estar existem em virtude da ausência do amor. O sofrimento que você experimenta é uma medida da falta de sintonia com a alma. Por fim, a única esperança de livrar-se do sofrimento é aceitar com júbilo a própria alma e levar o amor incondicional a todos os aspectos da vida. Para aprender a viver na consciência da alma, você precisa aprender a viver em reinos de consciência fora da terceira dimensão. É uma viagem de descobrimento por um território que havíamos nos esquecido de que era nosso. A única coisa que se requer é que você se lembre de quem é. O eu-alma é a nossa ligação com a alma e com dimensões superiores da consciência. Esse local de calma e quietude no centro da nossa percepção não se impõe. Espera pacientemente o reconhecimento, ao mesmo tempo que, em torno dele, o ego constrói um mundo de agitação e ilusões, fundado nas crenças que têm por base o medo.

A você foram concedidas as dádivas dos deuses; você cria a sua própria realidade de acordo com as suas crenças. A energia criativa que faz o seu mundo é sua. Não há limitações para o eu, salvo aquelas em que você acredita. Seth

Você não pode esperar que o mundo se transforme enquanto você não se transformar. Robert Muller

A chave da vida é compreender que nada pode acontecer a você, nada pode ser-lhe concedido ou recusado que não esteja de acordo com o seu estado de consciência. Paul Twitchell

O que somos hoje provém dos nossos pensamentos de ontem, e nossos atuais pensamentos constroem a nossa vida de amanhã. Nossa vida é uma criação da mente. Gautama, o Buda

Só você pode privar-se de alguma coisa. Não se oponha a essa compreensão, pois ela é, de fato, o alvorecer da luz. Um Curso de Milagres

5

Por que estou vivendo esta realidade?

Os momentos mais dolorosos da nossa vida nos convidam a pensar em questões profundas como: "Por que estou vivendo esta realidade? Por que nasci com este sexo, com este corpo, com estas forças e estas fraquezas, ou com esta vantagem?" As respostas a essas perguntas continuam a ser mistérios a que a ciência, a religião e a psicologia não podem responder. A lógica tridimensional não sabe o que fazer quando enfrenta causas procedentes do quarto nível de consciência e dos níveis superiores a ele. Em razão da nossa dificuldade em superar as limitações impostas pelos sentidos tridimensionais, respondemos às perguntas com um rótulo: "acaso". Inventamos o conceito do acaso para compensar o âmbito limitado do nosso conhecimento tridimensional. Empregamos a palavra "acaso" para disfarçar a nossa ignorância. Quando nos encontramos no plano físico da consciência, não temos a menor idéia de que muitas de nossas circunstâncias de vida são um resultado direto das intervenções da alma. A alma intervém de três maneiras fundamentais.

As intervenções da alma

Em primeiro lugar, antes da sua encarnação atual, sua alma determinou as situações físicas em que você se encontra nesta vida (sexo, raça, forma física, tendências e suscetibilidade a certas moléstias). As encarnações anteriores refletem sua herança psíquica atual. Agora você é o resultado de um processo evolutivo em que sua alma está envolvida há milhares de anos. Sua situação nesta vida foi determinada pela sua alma para facilitar determinada experiência de aprendizado. Suas disposições psíquicas e físicas são funções do estado de evolução da sua consciência.

Sua família e as pessoas importantes em sua vida são encarnações de almas que viveram com você em existências anteriores. Elas fazem parte da sua "família anímica". Quando uma alma encarna em forma humana, ela o faz com outros membros da sua família anímica. Seus pais, irmãos, esposa e filhos são, muitas vezes, almas intimamente familiarizadas com a sua alma. Quando você conhece pessoas com as quais sente afinidade imediata e um grau de confiança que não parece natural, é muitíssimo provável que você tenha tido um relacionamento íntimo com essa pessoa numa existência prévia. Elas são também almas com as quais você já viajou antes.

As formas da intervenção da alma são sempre afetuosas, embora possam envolver situações aparentemente negativas ou constrangedoras.

Por causa desses laços íntimos no nível anímico, uma alma às vezes não encarna para trabalhar as próprias lições, senão para contribuir para o aprendizado de outros. Esse pode ser o caso quando uma criança morre muito novinha. A lição aqui talvez seja destinada aos pais, para que busquem uma compreensão mais profunda e um sentido da vida como parte do seu processo de desenvolvimento. Esse tipo de ajuda de uma alma aparentada é um gesto de amor. A família da nossa alma está ali a aprender suas lições. No nível da alma não há ódio nem maldade, tudo é perfeitamente compreendido.

A segunda maneira pela qual sua alma intervém na sua vida é suscitando situações desafiadoras ligadas às lições que você está aprendendo. Elas podem assumir a forma de uma doença que o coloca em perigo de morte, de um acidente, de uma experiência de quase-morte, ou de um obstáculo permanente. Sua alma delineia o acontecimento, ou as circunstâncias, para fazê-lo refletir sobre a sua vida. Pode ser um acidente ou alguém que lhe traz uma mensagem capaz de modificar-lhe a vida e que você está pronto para ouvir. As formas da intervenção da alma são sempre afetuosas, embora possam envolver o que nos parecem situações negativas ou penosas. A alma intervém devido ao malogro da personalidade em se haver com as lições que ela designou para esta existência. A alma tenta obter a atenção da personalidade criando circunstâncias que lhe desafiam a vida. Entretanto, quando falham essas tentativas, ela pode simplesmente decidir renunciar à experiência de vida presente por meio de um acidente fatal ou contraindo uma doença mortal.

Um colega meu, viciado em trabalho, passou a maior parte da vida correndo de um projeto para outro. Duas vezes mais produtivo do que qualquer outra pessoa que eu conhecia, trabalhava longas horas a fio e estava sempre viajando. Um dia caiu e quebrou a bacia. Isso o deixou acamado por várias semanas, mas não o impediu de trabalhar. Ele simplesmente ligou seu computador portátil à linha telefônica do hospital e continuou a comunicar-se com os colegas. Relatórios e cartas lhe eram entregues regularmente. Continuou vivendo sua vida do modo que sempre a vivera. Era evidente que o verdadeiro significado do seu acidente, a saber, a mensagem para ir mais devagar, não fora recebida. Seis meses depois, morreu num acidente de carro. A maioria das pessoas encarou o episódio de sua vida como uma série de circunstâncias infelizes, um bocado de azar. Sua morte parecia sem sentido. Pois eu acredito que sua alma tivesse pretendido chamar-lhe a atenção, mas falhara. Sua personalidade estava tão absorta no seu modo de vida que não podia dar atenção ao propósito da sua alma. Reconhecendo a inutilidade da tentativa de fazer desta encarnação uma experiência positiva de aprendizado, a alma engenhara um meio de retirar-se do plano tridimensional da consciência.

O terceiro modo que tem a alma de intervir verifica-se quando você entra em sintonia com o propósito dela. Quando você se aceita como *alma que está passando por uma experiência humana*, e segue o seu coração, descobre que sua alma cria oportunidades para você realizar-lhe o propósito. Você se sente totalmente apoiado por ela em tudo o que faz. Sua vida se enche de significado quando você presencia as forças poderosas da "coincidência" que libertou. Examinaremos melhor esse tópico nos Capítulos 10 e 11.

Princípios quadridimensionais

Além das intervenções da alma, nossa vida sofre a influência das leis e princípios que governam o fluxo de energia na quarta dimensão da consciência. Segundo a mais fundamental dessas leis, *a qualidade da energia que você manda para o mundo é a qualidade da energia que você recebe de volta.* O movimento da energia vinda do mundo exterior, que você experimenta, é sempre igual em qualidade e segue uma direção oposta à do seu próprio movimento de energia. Isso se assemelha à Terceira Lei do Movimento de Newton — a toda ação corresponde uma reação igual e oposta; igual na força e oposta na direção.

Por exemplo, alguém que anseia por amor procura extrair energia dos outros para satisfazer essa necessidade. As pessoas reagem muitas vezes a essas situações afastando-se, de modo que a pessoa que tenta receber amor encontra constantemente situações em que o amor lhe é negado. Se você já se viu algum dia perto de alguém nessas condições, sabe como é estafante ser alvo de constantes solicitações de amor, sobretudo quando as respostas que você dá nunca parecem suficientes. O verdadeiro caso dessa pessoa é um medo profundamente arraigado de não ser amada. O filtro dessa crença não é seletivo; opera em todas as suas relações. A despeito das numerosas demonstrações de amor que recebe, você nunca se satisfaz, porque o filtro da sua crença está sempre a lembrar-lhe de que você não é amado.

> *A qualidade da energia que você transmite para o mundo é a qualidade da energia que você recebe de volta.*

Aplica-se também esse princípio no sentido oposto. Uma pessoa que tem auto-estima e uma visão positiva dá amor incondicionalmente. E é um prazer estar com essas pessoas que constantemente emitem energia positiva. Outra forma do mesmo princípio é a seguinte: "Você atrai aquilo que teme." Quando tenta afastar para longe de si alguma coisa de que tem medo, acaba freqüentemente por atraí-la. Deixe-me recorrer a um exemplo para ilustrar o que digo.

Um conhecido meu era torturado por um medo profundamente enraizado de ficar sozinho. Casou-se com uma mulher que tinha uma irmã. Abriu um negócio com a esposa e esta convidou a irmã para trabalhar com ela. As duas se davam muito bem e eram quase inseparáveis. Todos trabalharam longas horas e fizeram do negócio um sucesso. À conta da sua maneira de encarar a partilha das coisas, ele se ressentia do tempo que as duas irmãs passavam juntas. Muitas vezes sozinho, à noite, quando as duas estavam trabalhando, censurava a esposa e pedia a ela que passasse mais tempo com ele, odiando a cunhada por manter a esposa longe dele. Mas quanto mais a censurava, mais a mulher passava o tempo em companhia da irmã. As censuras literalmente afugentaram a companheira. E tamanho era o seu ódio à cunhada que, quando a esposa morreu, ele a despediu. A firma não tardou a abrir falência e ele se viu completamente só. A irmã, que poderia tê-lo confortado, foi expulsa pelo seu ódio. O que ele mais temia, ou seja, "ficar sozinho", tornou-se a sua realidade. Na tentativa de satisfazer às próprias necessidades, ele afastara a mulher e a cunhada.

Esse princípio se aplica a todos os aspectos da nossa vida. A obtenção do que você acredita faltar-lhe envolve o sacrifício de alguma coisa que você não quer perder. Os que buscam poder, dinheiro ou *status*, por exemplo, descobrem amiúde que estão sacrificando a vida da família e suas relações. Poder, dinheiro e *status* também são formas de energia. Quando você tenta preencher o vazio que sente dentro de si atraindo-os para o seu lado, eles tendem a escapar-lhe. Para consegui-los, você sacrifica sua integridade e seus princípios. No final de contas, só encontra dor e tristeza. O vazio só se vai quando você compreende que, como *alma que está passando por uma experiência humana*, você não tem necessidades reais. Todo o necessário é fornecido a quem vive na consciência da alma.

Compreender esse princípio é fundamental para você melhorar a sua vida. O princípio funciona na base da intenção. Se, ao dar, sua verdadeira intenção é obter o que sente que lhe falta, o que você deseja conseguir lhe escapa. Somente quando o dar é incondicional você recebe em troca. Dar amor incondicional é a maneira mais segura de se sentir amado. Dar o seu dinheiro incondicionalmente a outros, ou por uma boa causa, é a maneira mais segura de obter dividendos do seu capital. Se a sua intenção é a de conseguir alguma coisa da qual sente falta, sempre repelirá o que deseja. Inversamente, atrairá o que der incondicionalmente. Quando você, afinal, compreender plenamente que afasta de si aquilo por que aspira, e atrai o que dá livremente, terá um vigoroso incentivo para começar a liberar os medos que estão na raiz dos seus anseios.

O segundo princípio mais importante que envolve a quarta dimensão da consciência é que *você dá aos eventos da sua vida todo o sentido que eles têm para você*. O conteúdo emocional de qualquer experiência baseia-se no conjunto das suas crenças a respeito da experiência. Acreditamos equivocadamente que nossas emoções são realidade. Na verdade, nossas emoções são apenas nossas interpretações da realidade. Você e eu podemos experimentar exatamente os mesmos acontecimentos, mas a maneira pela qual reagimos a eles pode ser muito diferente. Essa diferença é simplesmente uma função das nossas crenças a respeito da situação.

> *Todo evento é neutro. Você dá às situações da sua vida todo o sentido que elas têm para você.*

Em algumas sociedades, por exemplo, a morte é considerada uma libertação, e os funerais são ocasião de alegria e celebração pelo fato de estar o falecido regressando ao mundo de onde veio. Em outras sociedades, a morte é uma lembrança da nossa mortalidade e os funerais são ocasiões tristes e sombrias. Portanto, o mesmo acontecimento exerce um impacto diferente sobre as pessoas, segundo suas crenças.

A regra que temos de aprender na sua forma mais simples é que todos os acontecimentos são neutros. Você "decide" como vai interpretá-los, de acordo com suas crenças a respeito da situação. Às vezes, no entanto, não sente ter feito a escolha, porque as crenças que mantém podem estar escondidas no inconsciente. Suas reações se baseiam sempre em suas crenças a respeito da situação. Suas emoções, pensamentos e comportamento refletem essas crenças.

Para as pessoas dotadas de inclinações científicas, explica-se a situação da seguinte maneira: quando você considera um acontecimento como neutro, você o identifica com a "forma de onda". Quando dá à situação um significado especial, identifica-a com a forma física. Na forma de onda toda situação é cheia de potencialidades. Quando a consciência intervém, um aspecto desse potencial manifesta-se no ser. O aspecto que se manifesta é o que está mais sintonizado com as suas crenças. Cientista quântico, Eugene Wigner explica o problema do colapso da informação quântica numa medição real pela referência à mente. Wigner entende que os resultados definidos são produzidos pela consciência do observador, que atua sobre o sistema quântico. Na quarta dimensão tudo existe como onda de pura potencialidade. A mente age nesse nível para desintegrar a onda num estado tridimensional bem definido.

Você nunca é uma vítima

Você pode concluir de tudo o que precede que, como almas, ou como personalidades, somos sempre responsáveis pela criação da nossa realidade. Nós nunca somos vítimas das circunstâncias. A crença esposada pelo povo de que as causas estão fora de nós, no mundo exterior, é mera crença. O modelo da consciência mostra que a causa está dentro de nós. Sua mente é um projetor e sua vida é a tela. O que você vê na tela da vida é um reflexo perfeito da sua consciência interior. Aceitar a responsabilidade pela sua vida significa reconhecer que, num nível qualquer, você cria sua própria realidade.

Sua mente é um projetor e sua vida é a tela.

Todos temos uma escolha a fazer na vida. Ou podemos ser os responsáveis ou podemos ser as vítimas. A primeira escolha dá a *você* o poder de mudar sua vida, ao mesmo passo que a segunda o coloca à mercê dos outros. É essencial lembrar-se de que o sentido que você dá aos acontecimentos de sua vida é o sentido que *decidiu* dar-lhes. Tudo depende de você e do modo pelo qual enxerga o mundo. Você nunca é uma vítima, a não ser que decida sê-lo.

Os cientistas estão começando a aprender o que os filósofos sabem há séculos — que a mente influi na matéria. Entretanto, resta-lhes ainda descobrir o fato de que a mente cria e forma a matéria. Em *The Holographic Universe*, Michael Talbot fornece muitos exemplos da influência das manipulações da mente sobre o mundo físico, o mais notável dos quais é a história de um homem chamado Wright, história essa que provém do relatório de um caso do psicólogo Bruno Klopfer. Klopfer estava tratando de Wright, que padecia de câncer em estado adiantado; Wright não queria morrer e tivera notícias de uma nova droga animadora chamada Krebiozen.

> Ele suplicou ao médico que o deixasse usá-la. A princípio, o médico recusou-se a consentir, visto que a droga estava sendo experimentada apenas em pessoas cuja expectativa de vida era, no máximo, de três meses. Wright, porém, mostrou-se tão renitente em suas solicitações, que o médico, afinal, cedeu. Aplicou a Wright uma injeção de Krebiozen numa sexta-feira, mas, no fundo do coração, não esperava que Wright sobrevivesse ao fim de semana. Depois disso, o médico foi para casa.
>
> Qual não foi sua surpresa quando, na segunda-feira seguinte, deu com Wright fora da cama e andando de um lado para outro. Klopfer relatou que os tumores se haviam "derretido como bolas de neve em fogão quente" e reduzido à metade do tamanho original. Tratava-se de uma redução de tamanho muito mais rápida do que poderia ter produzido o mais forte dos tratamentos por radiação. Dez dias depois do primeiro tratamento com Krebiozen aplicado a Wright, este deixou o hospital e, pelo que os médicos puderam deduzir, livre do câncer. Ao dar entrada no hospital, ele precisara de máscara de oxigênio para respirar mas, ao sair, sentia-se tão bem que pôde pilotar o próprio avião, a 12.000 pés de altitude, sem sentir nenhum mal-estar.
>
> Wright permaneceu bom por cerca de dois meses, quando começaram a aparecer na imprensa artigos segundo os quais o Krebiozen, na realidade, não surtia nenhum efeito sobre o câncer dos nodos linfáticos. Rigidamente lógico e científico no seu modo de pensar, Wright ficou muito deprimido, sofreu uma recidiva e foi novamente internado no hospital. Dessa feita, o médico decidiu tentar uma experiência. Disse a Wright que o Krebiozen era tão eficaz quanto antes parecera, mas alguns suprimentos iniciais da droga se haviam deteriorado durante a remessa. Explicou, todavia, que tinha uma versão nova e altamente

concentrada da droga e poderia tratá-lo com ela. Está visto que o médico não tinha nenhuma versão nova da droga e tencionava tratar Wright com água pura. A fim de criar a atmosfera apropriada, chegou a elaborar um procedimento complicado antes de injetar em Wright o placebo.

Mais uma vez os resultados foram surpreendentes. As massas dos tumores derreteram, o fluido do peito desapareceu, e Wright voltou a ficar de pé, sentindo-se ótimo. Permaneceu livre dos sintomas por mais dois meses mas, a essa altura, a American Medical Association anunciou que um estudo do Krebiozen de âmbito nacional chegara à conclusão de que a droga era totalmente ineficaz no tratamento do câncer. Desta vez, a fé de Wright caiu por terra definitivamente. Seu câncer voltou a se desenvolver e ele morreu dois dias depois.[1]

A história de Wright é trágica, mas é também esclarecedora. O poder surpreendente da mente produz mudanças físicas em nossa realidade tridimensional. Em outras palavras, o complexo alma e mente envolve a capacidade de manipular a matéria.

De todas as belas verdades pertencentes à alma, que foram restauradas e deram vida a esta era, nenhuma é mais satisfatória e repleta de promessa e confiança divinas do que esta — você é o dono do seu pensamento, modela o seu caráter e faz e afeiçoa a sua condição, o seu ambiente e o seu destino. James Allen

A você foi concedida a dádiva dos deuses; você cria a sua própria realidade de acordo com suas crenças. Sua é a energia criadora que faz o seu mundo. Não há limitações para o eu, senão aquelas em que você acredita. Seth

Vemos através de um vidro embaçado, como está escrito na Bíblia. O vidro é o nosso conjunto de crenças, preconceitos particulares, cultura e as teorias científicas prevalecentes. E a imagem da realidade que formamos é uma profecia que se realiza a si mesma. Individual e coletivamente, criamos a nossa realidade segundo a imagem que fazemos dela. Anna Lemkow

6

As origens das crenças

As crenças têm origem em três fontes. Nós as adquirimos da cultura e da sociedade em que nascemos; nós as aprendemos na convivência com nossos pais e com aqueles com quem temos relações íntimas; nós as trazemos para esta vida como parte da herança da nossa alma.

Pouquíssimas dentre as nossas crenças se fundamentam em fatos incontestáveis. Elas refletem, na maioria, nosso condicionamento por meio das experiências de vida, dos costumes da nossa cultura e sociedade e de nossas relações com pais, professores e iguais. Todos os modelos que usamos para explicar a vida — ciência, religião e psicologia — compreendem sistemas de crença baseados em teorias que lograram aceitação comum.

Até o nosso sistema econômico se baseia em crenças. Os investidores governam a alta e a queda do mercado de ações segundo o que acreditam que está acontecendo ou vai acontecer. Nosso consenso coletivo a respeito de uma crença para operar um sistema monetário atribui valor a peças de metal e a pedaços de papel a que chamamos dinheiro e que são, em certo sentido, sinais neutros de um sistema de crenças coletivas. Damos a esses sinais todo o valor que eles têm para nós através das nossas crenças. Alguém que nunca se expôs a uma economia monetária diria que as moedas e notas de banco que usamos não passam de sobras de metal e polpa de madeira transformadas em papel. Para onde quer que nos voltemos, encontramos sistemas de pensamento baseados na crença. Todo o nosso mundo opera na base dos sistemas de crença individual e coletiva. Sem as crenças nada teria sentido.

Crenças adquiridas

As crenças adquiridas, na sua quase totalidade, são determinadas pelo ambiente cultural e econômico em que nascemos. Embora tivesse nascido filho homem de uma família protestante pobre de Yorkshire, eu também poderia ter nascido mulher na família de um esquimó do Alasca, uma rica indiana de Bombaim ou um miserável membro de uma tribo no deserto do Kalahari. Em nenhum desses casos a estrutura da minha crença a respeito do mundo seria significativamente diferente. Como homem de Yorkshire, meu sistema de crenças reflete uma visão britânica protestante muito parecida com a dos meus amigos e parentes que também vivem em Yorkshire.

Entrementes, meus equivalentes do Alasca e do Kalahari vivem num mundo muito diferente, com diferentes estruturas de crença. O essencial para eles é viver em harmonia com seus ambientes físicos para poderem sobreviver, ao passo que, para mim, a sobrevivência física mal chega a ser um problema. Minha realidade é a sobrevivência econômica.

Minha equivalente hindu conhece aqueles com os quais pode e não pode associar-se em virtude da sua casta. Muito freqüentemente, não tem sequer liberdade para escolher as amigas ou o marido. Por outro lado, enfrenta a morte sem duvidar da sua imortalidade. Acredita que voltará em outra encarnação. Nesse ponto não tenho a esperança de voltar. Meu destino é o céu ou o inferno. Cada uma das pessoas que eu possa ter sido tem estruturas de crença muito diferentes — resultado principalmente da escolha, feita pela alma, do ambiente para a experiência desta existência.

> *As crenças que conservamos são as guardiãs da nossa auto-imagem e da nossa identidade.*

Dessarte, as crenças adquiridas dependem, na maior parte, da sociedade em que nascemos. A existência delas deriva do nosso sentimento de identidade com o lugar e a cultura do nosso nascimento. Composta desses fatores do ambiente ao qual acreditamos pertencer, nossa identidade inclui a nacionalidade, a raça, a religião e o sexo. Pode incluir também a classe ou casta, o *status* profissional, o *status* financeiro e o papel que representamos — de pai, mãe, filho, filha, protetor, guardião etc. Logo que nos identificamos de algum modo, assumimos incontinenti as crenças que circundam essa identidade. Elas se transformam numa espécie de roupa que recobre o nosso eu natural. É como se tivéssemos optado por um disfarce que passa a ser a fachada através da qual lidamos com o mundo. As crenças que conservamos são as guardiãs da nossa auto-imagem e da nossa identidade.

Crenças aprendidas

Desenvolvemos nossas crenças aprendidas por meio da convivência com os outros. Nossas relações, particularmente com pais, irmãos, colegas e professores, influem acentuadamente em nossas crenças. À medida que crescemos, aprendemos com esses grupos qual é o comportamento aceitável e qual o inaceitável. Ao longo da vida, consentimos em ser modelados por meio de barganhas de amor. Aprendemos que certos tipos de comportamentos trazem amor e que outros trazem castigo. Para nós, é natural adotarmos os primeiros e rejeitarmos os últimos. Inconscientemente, desenvolvemos crenças que nos ajudam a evitar a dor e a obter o prazer. Na ocasião em que saímos de casa, nossas estruturas de crença sobre como devemos relacionar-nos com os outros já estão solidamente construídas e influirão em nossas relações futuras. Entretanto, as crenças que aprendemos quando crianças podem não ser válidas quando nos tornamos adultos. Podem ser, com efeito, extremamente inadequadas e causa de muita infelicidade.

Deixem-me dar dois exemplos. Uma criança arteira pode meter-se em encrencas com os pais ou professores. Quando apanha e os pais lhe dizem que a estão castigando porque a amam, a criança poderá desenvolver inconscientemente a crença de que os maus-tratos são uma expressão de amor. Eis aí uma forma de hipnose que surge por meio da sugestão repetida. Adulta, ela pode vir a bater nos filhos e talvez no cônjuge, ou até se tornar vítima adulta de maus-tratos.

Um segundo exemplo refere-se a filhos cujos pais lhes dizem constantemente: "Você nunca será nada." As crianças ouvem essa frase com tanta freqüência que ela acaba fazendo parte das suas crenças inconscientes. Mais tarde, na vida, essas pessoas decepcionarão constantemente a si e aos outros. A crença em que nunca serão grande coisa torna-se como uma profecia que se realiza naturalmente.

Os fios das crenças negativas precisam ser desemaranhados se você quiser corrigir situações como essa em sua vida. Cabe-lhe reconhecer que suas crenças criam sua realidade. Precisa aceitar a responsabilidade pelo que acontece em sua vida. Seus relacionamentos espelham e refletem o estado pleno da sua consciência. Refletem, ao mesmo tempo, as partes positivas e negativas da sua personalidade e os aspectos aceitos (*persona*) e repudiados (*sombra*) da sua psique.

Crenças herdadas

As crenças menos reconhecidas e, no entanto, mais predominantes que nos condicionam a vida são as que nos vêm de existências passadas. Elas transcendem o tempo porque pertencem à alma. A rememoração de uma vida passada é um instrumento terapêutico poderoso e bem documentado, utilizado correntemente por grande número de psicoterapeutas dentro da ampla estrutura da psicologia transpessoal. A diferença fundamental que existe entre esse ramo da psicoterapia e os demais é o pleno reconhecimento da alma como parte da nossa consciência. A psicologia transpessoal transcende os complexos infantis do sistema freudiano, estende a teoria junguiana do inconsciente coletivo e lida com os dramas inacabados da alma, procedentes de encarnações passadas. Mas, como assinala Roger Woolger em seu competente relato de regressões a vidas anteriores, não é necessário acreditar na reencarnação para a terapia das vidas passadas ser eficaz.[1] A única coisa necessária é uma crença comum a todas as escolas de psicoterapia — o poder de cura da mente inconsciente.

O instrumento principal da terapia das vidas passadas é a regressão. A maioria das pessoas está hoje familiarizada com o seu uso para entrar em contato com traumas esquecidos da infância. A polícia recorre às técnicas de regressão combinadas com a hipnoterapia para ajudar testemunhas a se recordarem de provas na cena de um crime. Demonstram repetidamente os terapeutas que, fazendo os pacientes regredirem à idade em que ocorreu um acontecimento violento ou perturbador, e levando-os a reviver as lembranças dolorosas associadas ao acontecimento, as lembranças podem ser assimiladas numa perspectiva nova e mais ampla. O processo da assimilação, chamado catarse, provoca uma liberação emocional e uma experiência de cura.

A terapêutica das vidas passadas funciona de maneira semelhante. Pede-se simplesmente aos pacientes que voltem ao momento no tempo em que experimentaram pela primeira vez os sintomas que lhes causam mal-estar e sofrimento. O processo é secundado pela repetição verbal de uma frase — uma metáfora de vida — que representa um sentimento associado ao problema. A metáfora de vida é uma crença que encapsula a emoção numa situação de vida penosa e recorrente.

Quando se processa a regressão, o paciente, espontaneamente, conta histórias que dizem respeito à metáfora de vida. Isso pode envolver a lembrança de experiências infantis ligadas à existência atual, ou a lembrança imediata de experiências de vidas passadas. Os que se lembram de experiências desta vida quase sempre prosseguem contando experiências de vidas passadas com o mesmo tema. De acordo com Woolger, 95% das pessoas que freqüentam os seus trabalhos em grupo ou que se tratam com ele são capazes de reviver acontecimentos de vidas passadas. Para compreender a relação entre essas lembranças e as crenças, examinemos uma anamnese típica extraída do livro *As Várias Vidas da Alma*,* de Roger Woolger.

Uma mulher que morava num apartamento da cidade com os seus gatos sempre se sentia ansiosa quando lhe era preciso deixar os bichanos, tanto assim que dificilmente saía de férias. Woolger se lembra de que, ao examinar mais profundamente o caso, descobriu na vida dela toda sorte de relacionamentos com animais que tinham tido resultados desastrosos. Duas metáforas de vida começaram a aparecer durante a

---

* Publicado pela Editora Cultrix, São Paulo, 1994.

conversa: "*Não posso deixá-los, porque alguma coisa lhes acontecerá*", e "*É tudo culpa minha, não fiz o bastante por eles*". Durante a regressão, ela se pôs a contar uma triste história:

> Sou uma velha que mora num sombrio casarão de pedra. É no norte, provavelmente na Escócia. Uma tempestade ruge lá fora. Andei brigando com meu marido. Diz ele que eu não me importo com as crianças. Talvez tenha razão. Jurei que nunca teria filhos, porque não quero cuidar deles. Mas agora temos dois, de três e quatro anos. Ele está lá fora gritando. Não quero deixá-lo entrar. Ele que leve os filhos embora, se achar que deve fazê-lo. Não os deixarei entrar. A tempestade piorou, mas ele agora parou de berrar. Tudo se aquieta por algum tempo, uma hora ou coisa assim. Agora estão batendo, parece que é o meu meninho. Oh, não, ele não vai conseguir, ele não está fazendo isso comigo. Mandou o menino só porque acha que vou ceder. Pois eu lhe mostrarei que não vão entrar.
>
> Agora é de manhã. A tempestade se foi. Eles não voltaram. Aposto que foram para a estalagem. Mas não quero ir até a porta. Alguma coisa está errada. Finalmente, vou até a porta; ela não quer se abrir. Oh, meu Deus! São as crianças que a estão bloqueando! Meu filho está inconsciente, meu marido sumiu, não se vê em parte alguma (ela chora amargamente). Foi tudo culpa minha! Foi tudo culpa minha! Eles devem ter ficado tão assustados lá fora, tão fracos e indefesos! (soluços profundos e remorso).[2]

Woolger conta que o resto da história veio à luz lenta e penosamente. As crianças morreram horas depois. O marido colocara os filhos num carrinho de mão com a intenção de chegar à estalagem local. No meio do caminho, a borrasca voltara, furiosa; o marido desmaiara e morrera de um ataque do coração. As crianças conseguiram achar o caminho de volta para contar à mãe o que acontecera, mas foram impedidas por ela de entrar em casa. Envergonhada, a mulher persuadiu os vizinhos de que o marido fora o causador da morte das crianças. Atormentada pela culpa durante o resto da vida, morreu com uma idéia: "*Não confio em mim mesma para tomar conta de ninguém.*" Esta era a história que havia por trás do seu medo de deixar os gatos. A recordação proporcionou-lhe muitas revelações acerca de si mesma e, passado algum tempo, ela superou sua ansiedade.

> *Encarnações anteriores não só afetam nossos sistemas de crença, como também podem afetar nosso corpo físico.*

Você pode descobrir a sua metáfora de vida estudando a si mesmo, ou conversando francamente com um amigo interessado. Simplesmente procure pensar nas ocasiões da sua vida em que ficou mal ou sofreu muito. Procure os padrões de suas reações a situações. Todos temos metáforas de vida. Aqui estão cinco, que tenho encontrado entre meus amigos: *Sinto-me enganado. Tenho um sentimento de perda. Sinto que as pessoas estão me impedindo de progredir. Acho que minha vida é uma sucessão de trivialidades e que estou fracassando no curso geral das atividades. Sinto-me menosprezado.* Em todos os casos, cada pessoa foi capaz de identificar diversos acontecimentos em sua vida que podiam ser sintetizados com as palavras da metáfora de vida.

É importante lembrar que as metáforas de vida podem ser positivas ou negativas. Embora possamos aprender muita coisa a respeito de nós mesmos estudando as metáforas de vida positivas, é trabalhando com as negativas que provocamos o desenvolvimento espiritual e a cura.

As metáforas de vida derivam, quase sempre, de uma lembrança que se teve na hora da morte. Pensamentos e sentimentos diretamente ligados a essa hora são muito fortes, ficam impressos na consciência e são levados pela alma para outras vidas.

A transferência de uma metáfora de vida se verifica quando a alma entra no feto durante a gravidez. Somos assim trazidos para este mundo com um selo psíquico. As crenças que trazemos passam a ser os temas dominantes nas lutas da nossa vida.

O trabalho de Ian Stevenson, da University of Virginia, dá a entender que encarnações anteriores também podem influir no nosso corpo físico. Stevenson encontrou um sem-número de casos de ferimentos físicos trazidos para esta vida como cicatrizes ou marcas de nascença. Em alguns casos, com nítida lembrança da identidade da encarnação anterior, ele desencavou relatórios de hospitais ou de autópsias da personalidade falecida mostrando que os ferimentos não só ocorreram, mas também se achavam no lugar exato da marca de nascença ou deformidade atuais. Declara Stevenson:

> Tenho para mim que a impressão de ferimentos na personalidade anterior deve ter sido transportada entre as vidas em alguma espécie de corpo ampliado, o qual, por sua vez, age como modelo para a produção, num novo corpo físico, de marcas de nascença e deformidades, correspondentes aos ferimentos do corpo da personalidade anterior.[3]

Dessa maneira, podemos ver que tanto as cicatrizes físicas quanto as mentais podem ter transferidas para outra vida. Isso não nos surpreende, uma vez que toda célula do corpo tem uma percepção consciente. Um ferimento grave marcaria a consciência da mente da célula exatamente como uma emoção forte marcaria a consciência da mente anímica. As cicatrizes físicas, ou marcas de nascença e as metáforas de uma vida passada, ambas formas de rememoração emocional, transferem-se de uma vida para outra por meio do mecanismo da alma.

A estrutura das crenças

Se você encontra freqüentemente dor e aflição em sua vida, pode ter certeza de que uma crença negativa está de tocaia na sua mente. Algumas crenças se acham tão embutidas no nosso inconsciente que não damos tento delas. Esconderam-se atrás de um padrão de respostas emocionais. O verdadeiro disparador da resposta, o sistema de crenças, não é reconhecido.

Seu sistema de crenças é construído como um edifício. As crenças herdadas são os alicerces, enterrados profundamente na terra. Jazem no inconsciente. Tais crenças são de difícil acesso. O peso do edifício repousa sobre elas e as esconde da nossa vida. A tentativa de mudar crenças negativas, herdadas, é dolorosa mas, como um dente estragado, a dor se agravará se ele não for tratado.

As crenças aprendidas formam a estrutura principal da construção. Algumas são estruturalmente importantes, outras nem tanto. Elas podem estar no consciente ou no inconsciente. O contato com as crenças aprendidas e a mudança delas serão dolorosos se elas forem importantes para a estrutura do edifício.

As crenças adquiridas são as mais fáceis de mudar. Representam a fachada externa do edifício. Podem ser modificadas e substituídas à vontade, sem muita dor ou dificuldade. Muita gente, por exemplo, muda de fé religiosa diversas vezes na vida.

Todos os dias criamos a nossa realidade por meio das crenças. Fazemo-lo de duas maneiras — consciente e inconscientemente. Na maior parte do tempo criamos a realidade inconscientemente. Não reconhecemos que a nossa vida reflete a nossa consciência total. Só vemos o que queremos ver. Estamos preparados para aceitar a responsabilidade pelas coisas boas que nos acontecem, mas não vemos que as coisas más também são responsabilidade nossa. Podemos criar situações de vida positivas quando liberamos nossas crenças inconscientes, baseadas no medo. Ao fazê-lo, deslocamo-nos para um estado de consciência da alma. Nesse nível de consciência, percebemos a nossa natureza eterna e o poder do amor incondicional.

Não podemos separar a cura do indivíduo da cura do planeta. São a mesmíssima coisa, pois o consciente de cada indivíduo está ligado ao consciente coletivo. Conquanto sejamos indivíduos, cada um de nós é também parte do todo. Shakti Gawain

Nós nos identificamos com o nosso corpo, mente e personalidade, imaginando que esses objetos constituem o nosso verdadeiro eu e, a partir daí, passamos o resto da vida tentando defender, proteger e prolongar o que é apenas uma ilusão. Ken Wilber

Contenta-te com o que tens, regozija-te com o modo com que são as coisas. Quando compreenderes que não te falta nada, o mundo inteiro será teu. Lao-Tsé

Os outros são apenas espelhos de você. Você não pode amar nem odiar alguma coisa em outra pessoa sem que isso reflita alguma coisa que você ama ou odeia em si mesmo. Anônimo

7

Como libertar a alma

Todo ser humano é a projeção de uma alma individual na consciência tridimensional. A verdadeira portadora da nossa individualidade é a alma. Focalizando a sua intenção e concentrando a sua atenção, a alma se manifesta em forma humana. O véu da consciência tridimensional, que nos separa da nossa alma, é um de uma série de véus que se colocam entre nós e a consciência da unidade. Cada véu da consciência compreende um limite de percepção. Quando, finalmente, ultrapassamos os limites da consciência durante os estados intensificados de percepção, principiamos a ter uma perspectiva mais ampla da nossa vida aqui na Terra.

O corpo físico proporciona um veículo para a manifestação da alma, e a alma é o veículo para a manifestação de Deus. Em outras palavras, a alma é a idéia de Deus manifestada num plano elevado de consciência, e nós somos a idéia da alma manifestada no plano tridimensional da consciência. Deus infunde na alma o espírito que se manifesta como vontade de viver, vontade de evoluir e vontade de participar do propósito universal. Os aspectos secundários do espírito são o amor e a inteligência. O espírito é a força vital e a energia universal presentes em toda a criação. Os cientistas encontram a mesma energia quando fracionam a matéria em suas partes constituintes.

O universo físico é um exercício espontâneo de criatividade. Como humanos, aprendemos num contexto tridimensional os modos pelos quais podemos usar a consciência para manifestar nossa realidade física e psíquica. Manipulamos, por meio das nossas crenças e pensamentos, as unidades básicas da energia eletromagnética para criar situações e manifestações físicas. Cada pensamento e cada emoção são carregados de energia. Quando aprendemos a dominar as emoções e os pensamentos, manifestamos e modelamos conscientemente a nossa realidade. A intensidade do pensamento ou da emoção determina, ao mesmo tempo, a força e a permanência do resultado físico.

Laboratório da alma, a terra existe como o lugar em que as almas experimentam suas criações. Experimentam, por intermédio da forma humana, intensidades de emoção não disponíveis em níveis mais altos da consciência. Para a alma, a consciência tridimensional funciona como um laboratório acelerado de aprendizagem.

A perspectiva da alma

Só depois de reconhecer que é uma alma que passa por uma experiência humana, você consegue uma perspectiva verdadeira da vida. O deslocamento de uma perspectiva tridimensional para uma perspectiva quadridimensional representa um salto importante na compreensão. Essa compreensão é importante porque os princípios que governam a consciência qudridimensional também governam a mente humana. Na integração da perspectiva quadridimensional na sua vida diária, sua personalidade entra em sintonia com sua alma. Você, então, sente alegria, amor, harmonia e paz de forma contínua e sempre renovada.

Comparada com a terceira dimensão da consciência, a quarta dimensão existe como realidade eterna, infinita, baseada na energia. Eterna em razão do sentido repassante do momento presente, sem lembranças do passado nem pensamentos do futuro. Podemos atingir esse estado na consciência tridimensional estando sempre e realmente atentos. Desafortunadamente, na consciência tridimensional, costumamos deixar que o medo e a raiva participem da nossa realidade. A raiva é a lembrança da dor passada revisitada; o medo é a lembrança da dor passada projetada no futuro. A dor, desequilíbrio de energia causado pela falta de sintonia das crenças da personalidade com as da alma, manifesta-se quando a energia do medo, existente no ego, de baixa vibração, se encontra com a energia do amor, de alta vibração, existente na alma. Assim que facultamos ao medo o ingresso em nossa mente, nossa percepção se afasta do momento presente. Projetamos a dor do passado no futuro e pomos em movimento padrões de pensamentos fundados no medo. Nesse ponto já não experimentamos o simples ser.

A raiva produz o mesmo efeito. Nós nos concentramos no que aconteceu no passado e no objeto da nossa raiva. Na realidade, temos raiva de nós mesmos pela nossa falta de sintonia. Por trás da raiva está o sentimento de não sermos mimados. Por trás dele está a crença de não sermos amados. A raiva projeta no mundo exterior a culpa que sentimos pela nossa própria falta de unidade com a nossa alma. Projetamo-la num objeto ou pessoa exteriores porque não podemos suportar a culpa da separação da nossa alma, que nós mesmos criamos. A raiva é um sintoma da recusa do ego de assumir a responsabilidade pela sua falta de sintonia com a alma e tem por base o medo.[1]

A raiva é um sintoma da recusa do ego em assumir a responsabilidade pela falta de sintonia com a alma.

Quando deixamos que a raiva e o medo penetrem na nossa mente, excluímos a percepção do momento presente. Ou revivemos experiências passadas com a emoção da raiva, ou antecipamos experiências futuras com a emoção do medo. Entretanto, quer sintamos raiva, quer sintamos medo, ainda os sentimos no momento presente. Nossa mente se enche de lembranças ou projeções e nos nega o prazer de apenas ser. Aprender a viver no agora, fora da raiva e do medo, é um passo importante para aprendermos a entrar na dimensão anímica da consciência.

A quarta dimensão da consciência é infinita no mesmo sentido em que todos os intercâmbios e comunicações da energia são instantâneos. Isso se realiza por meio da telepatia. As trocas telepáticas ocorrem tão depressa que desafiam nossa compreensão tridimensional do espaço. Fazem o mesmo nossos sistemas de comunicação. É possível manter uma conversa pelo telefone com alguém que esteja no extremo oposto do globo e, todavia, tem-se a impressão de que essa pessoa está na sala ao lado. A velocidade com que a energia da voz se transmite desafia os nossos sentidos. Quanto mais você acreditar na ilusão tridimensional da separação, tanto mais difícil lhe será receber ou enviar mensagens telepáticas.

O aspecto energético da vida está agora bem documentado. As tentativas para partir o átomo só levaram à energia. Não existem unidades físicas básicas de construção para o mundo material. Os objetos e a matéria existem como formas de energia que se mantêm unidas por força de atração. Nosso corpo é uma forma de energia criada pela nossa alma. Quando morremos, o princípio organizador deixa o corpo físico e este se desintegra em formas inferiores de agrupamentos de energia, que formam os elementos químicos básicos. Nossos pensamentos também são formas de energia. Sustentados por crenças e visão vigorosas, têm o poder de mudar as características das formas de energia física existentes e manifestar novas realidades.

Quando nos damos conta da energia universal, vemos que estamos ligados a todas as coisas. A energia que flui através do nosso ser é a mesma que flui através de tudo. Pense, por um momento, em toda a criação como um rio, e na água do rio como a energia universal. Em alguns lugares a água flui rápida e, em outros, flui lenta; o rio ora se acalma, ora se mostra turbulento, com contracorrentes ou redemoinhos. A forma que a água assume depende da forma do leito do rio e das suas margens. Podemos ver as formas do rio, mas não podemos ver a causa dessas formas. Nossas almas são semelhantes às forças que produzem contracorrentes e redemoinhos no rio. Elas dão forma à energia universal, mas não podem ser vistas. Como humanos, à semelhança das contracorrentes e redemoinhos do rio, temos uma forma criada pela nossa alma, que se expressa por intermédio da energia universal.

Quanto mais reconhecemos o tempo, o espaço e a matéria como propriedades da nossa percepção tridimensional, tanto mais nos abrimos para o mundo da energia eterna e infinita da quarta dimensão. Precisamos aprender a não dar atenção à ilusão dos nossos sentidos físicos se quisermos viver na quarta dimensão. Comparada à consciência tridimensional, caracterizada pela morte, pela decadência e pela separação, a quarta dimensão continua como um fluxo de energia e de ser, em constante evolução.

As experiências de vida de uma alma são muitíssimo diferentes das experiências de vida de um ser humano. Cônscia da dimensão eterna de sua existência e de sua ligação, por meio da mente, com todas as outras, a alma só percebe o amor. A freqüência de vibrações da energia a que chamamos medo é tão baixa que não existe nos reinos superiores da consciência. A alma conhece a liberdade total e não faz discriminação entre as almas. Essa liberdade e igualdade são dadas por Deus. A experiência da alma é uma experiência de vida, ligação, amor, liberdade e igualdade eternas. A alma aspira à consciência da unidade — o estado de completa unidade com toda a criação.

Para assistir à nossa alma em sua evolução, precisamos adotar o conceito de consciência da unidade e introduzi-la em todos os aspectos de nossa vida. Como humanos, todos compartilhamos de um conjunto de crenças primárias, que refletem a natureza de nossa alma. Essas crenças se expressam em nossa vida como necessidades básicas. A experiência de vida eterna da alma se transfere aos humanos como reverência à vida e à necessidade de viver. A experiência de ligação da alma se transfere aos humanos como a necessidade de pertencer, ou de fazer parte de alguma coisa maior do que nós. A experiência de unidade da alma se expressa como a necessidade humana de amar e ser amado. A experiência de liberdade da alma se expressa como a necessidade de nos sentirmos responsáveis por nós mesmos, pois só por meio da liberdade podemos exercer a responsabilidade. A experiência de igualdade da alma cria a necessidade humana de justiça.

Todas as experiências da condição humana servem à alma no seu propósito de atingir a consciência da unidade.

Detenha-se por um momento e faça a si mesmo as seguintes perguntas: Por que sentimos necessidade de pertencer a algum grupo ou lugar? Por que sentimos necessidade de amar e ser amados? Por que sentimos necessidade de justiça? Por alguma razão, todos partilhamos de uma perspectiva comum entre esses conjuntos particulares de necessidades e, apesar disso, não há uma razão intrínseca pela qual nos sentiríamos assim propensos, a menos que elas reflitam uma herança inconsciente comum — a herança da alma. Na realidade, nossa mente subconsciente está carregada de lembranças e crenças da alma. Muitas vezes nós nos conscientizamos delas através das causas que defendemos, das atitudes que costumamos tomar e do nosso comportamento. No mais profundo do inconsciente jazem as aspirações da alma.

Todas as experiências da condição humana são destinadas pela alma a servir ao propósito de atingir a consciência da unidade. Aprendendo a amar incondicionalmente alcançamos essa meta. Nossa limitada percepção tridimensional representa um enorme obstáculo à consecução da consciência da unidade. O impacto do tempo, do espaço e da matéria sobre nossos sistemas de crença é tão grande que já não temos consciência da unidade de todas as coisas e da nossa ligação com todos os aspectos da criação. Nós nos perdemos na consciência tridimensional; vemos fragmentação, não vemos ligação. Quando só nos damos conta da fragmentação, vivemos dominados pelo medo e pela raiva. Quando praticamos os princípios da unidade, encontramos amor, alegria e paz. Para superar nossas crenças na separação, precisamos enfrentar o problema em quatro níveis.

Os níveis de fragmentação

Como almas, recebemos duas dádivas maravilhosas: o poder de criar e o livre-arbítrio. Lançando mão da energia a que chamamos espírito, as almas criaram as formas vivas que vemos no planeta e se envolveram de tal maneira em sua criação que esqueceram a própria identidade. Esquecidas de que são parte de Deus, fizeram dele um ser concreto. Esse é o primeiro nível de fragmentação da mente e o principal problema da alma.

Durante a experiência humana, a alma acaba se envolvendo em três outros níveis de fragmentação: a separação entre o organismo humano e seu ambiente; a separação entre nossa mente e nosso corpo; e a separação entre nossa *sombra* e nossa *persona*.[2,3] Esses três níveis de fragmentação representam as causas fundamentais de degradação ambiental do planeta, da enfermidade dos corpos e dos relacionamentos problemáticos. E para que a alma atinja a consciência da unidade é fundamental que a cura ocorra em todos esses níveis.

A separação entre a humanidade e o planeta. Experimentamos o primeiro nível de fragmentação como a distinção entre o organismo humano e o seu ambiente natural. Vemo-nos separados do mundo da natureza. Toda a nossa atitude em relação ao mundo natural resume-se em querer dominá-lo, controlá-lo, usá-lo em nosso benefício. Não nos importamos com a flora, nem com a fauna, nem com as florestas, oceanos e pântanos, porque não nos identificamos com o mundo natural. A última coisa em que pensa a sociedade moderna é viver em harmonia com o seu ambiente natural. Não compreendemos que tudo o mais no planeta é uma projeção da quarta dimensão da consciência. Assim como somos a projeção de nossas almas, tudo o que existe no planeta é a projeção de outras almas que optaram por manifestar-se de modos diferentes. As almas responsáveis por outras formas de vida fazem parte da mesma criação e estão ligadas, pelo mesmo sistema de energia, a tudo o que existe. Em outras palavras, o mundo e quanto há nele fazem parte de um sistema de cooperação coletiva de consciência, semelhante ao nosso próprio corpo. Assim como as diferentes partes do corpo trabalham juntas para o bem do todo, o planeta depende dos diferentes aspectos do mundo natural para sobreviver.

Quando nos identificamos apenas com o nosso organismo, deixamos de ver nossa ligação com o resto da criação. Desenvolvemos uma relação desajustada com as almas da natureza. E a cura nesse nível de separação só se verifica quando nos lembramos da nossa unidade com todos os demais aspectos da consciência da alma que fazem parte do planeta. Isso se refere à cura da fragmentação registrada entre o organismo humano e o resto da criação. Ao reconhecer nossa ligação com toda a criação, aceitamos a responsabilidade pela provedoria da Terra.

A separação entre a mente e o corpo. Experimentamos o segundo nível de fragmentação como a distinção entre a mente e o corpo. Vemos a mente e o corpo como se fossem separados e não como partes de um todo integrado. Não compreendemos como nossas crenças, emoções, atitudes e pensamentos afetam a saúde do nosso corpo. Quando classificamos os sistemas e os partimos em pedaços cada vez menores, perdemos o quadro maior e a conexidade do conjunto. Fazemos suposições para remendar com elas os furos do nosso sistema de conhecimentos e acreditamos que elas correspondem à verdade.

A crença na vulnerabilidade do corpo ao ataque exterior nos abre à possibilidade da doença e do sofrimento. Alimentando uma crença dessa natureza, estabelecemos imediatamente uma relação inadequada com o nosso corpo e com o mundo exterior. Na realidade, o corpo expressa fisicamente o campo de energia da alma. A cura nesse nível de separação consiste na rememoração da integridade do nosso ser. Consiste na cura da fragmentação ocorrida entre a mente e o corpo. Quando reconhecemos a ligação e aceitamos a responsabilidade pela saúde do nosso corpo, começamos a curar-nos. Fazemo-lo liberando os medos que criam o mal físico e a moléstia.

A separação entre sombra e persona. Experimentamos o terceiro nível de fragmentação como a distinção entre nossa *persona* (os aspectos da consciência que admitimos) e nossa *sombra* (os aspectos da consciência que rejeitamos). Negamos todos os aspectos da nossa personalidade com os quais não nos sentimos à vontade ou pelos quais nos sentimos culpados. Eles se tornam parte da nossa sombra. A única maneira com que podemos identificá-los consiste em notá-los em outras pessoas. Quando nos encolerizamos ou nos sentimos contrariados e começamos a fazer juízos sobre os outros, precisamos prestar atenção porque esses juízos compreendem os aspectos da nossa personalidade que repudiamos. O mundo que vemos fora de nós reflete nossa consciência interior em todos os seus pormenores. Os juízos coléricos que fazemos são aspectos da nossa sombra que se projetam no mundo. Toda vez que você se ouvir, ou ouvir alguém, fazendo críticas, preste muita atenção porque estão falando a respeito dos seus próprios problemas. Destarte, se só nos identificamos com a nossa persona e não integramos o conteúdo da nossa sombra, separamo-nos dos outros pelos juízos que fazemos deles. Isso recria relacionamentos problemáticos. A cura nesse nível de separação é representada pela reidentificação com os aspec-

A poluição, a doença e as relações problemáticas são todas reflexos simbólicos da interrupção da comunicação entre as partes fragmentadas do nosso ser.

tos ocultos da psique. Quando aprendermos a nos aceitar como realmente somos, com verrugas e tudo, principiamos a aceitar a responsabilidade pelas nossas relações.

A cura da mente

A poluição, a doença e os relacionamentos problemáticos, todos refletem simbolicamente a quebra de comunicação entre as partes fragmentadas do nosso ser. Quando sanamos a fragmentação que se verificou na nossa "mente humana", elevamos o nível de percepção consciente da nossa "mente-alma". Quando aceitamos a responsabilidade pela criação da nossa realidade, estabelecemos uma relação simbiótica com o mundo natural, com o nosso corpo e com os outros à nossa volta. A poluição ambiental, a dor física e o mal-estar emocional nos lembram da fragmentação da consciência ocorrida em nossa mente. Refletem nossa falta de identificação com os aspectos esquecidos de nós mesmos. Quando nos identificamos, o objeto da identificação passa a ser parte do que somos. Entramos com isso numa relação. Quando começamos a nos identificar com alguém, começamos a interessar-nos por essa pessoa e ficamos sabendo, pelo diálogo, como ela percebe e compreende o mundo. Quando nos identificamos com o nosso corpo, passamos a cuidar dele e a alimentá-lo. Quando nos identificamos com o nosso ambiente, a terra, as plantas, os animais e os pássaros, passamos a nos interessar por eles e aprendemos a respeitar toda a vida. Por intermédio desse processo de reconexão estabelecemos contato com as partes fragmentadas do nosso eu maior e nos transformamos num todo. Eis o verdadeiro sentido da cura.

O propósito do nosso ser aqui na Terra é tornar-nos inteiros, abandonar nossas crenças na separação e alcançar a consciência da unidade. Fazemo-lo adotando o amor incondicional. Isso, em poucas palavras, é o que estamos aqui para fazer. Esse é o serviço que prestamos à nossa alma. *Um Curso de Milagres* fala sobre isso muito sucintamente: "Este é um curso de milagres. É um curso obrigatório. Só é voluntário o tempo que você dá a ele."[4] Em outras palavras, estamos aqui na Terra a fim de preparar-nos para viver na consciência da unidade. Podemos ter quantas encarnações quisermos para aprender nossas lições. Quanto mais depressa aprendermos a adotar o amor incondicional, tanto mais depressa alcançaremos a consciência da unidade. Isso implica erguer permanentemente o véu da consciência tridimensional para nos tornarmos cônscios da nossa realidade maior.

Nosso propósito aqui, na dimensão física da consciência, é ajudar nossa alma a evoluir para a consciência da unidade. Conseguimos isso criando uma vida para ela. Quando fazemos a personalidade entrar em sintonia com a alma, criamos as condições por cujo intermédio nossa alma vive o seu propósito. Encontramos alegria e sentido em nossa vida quando pomos em prática esse propósito.

Em algum ponto no tempo, nossas almas chegarão à conclusão de que não têm mais nada que aprender com as experiências da Terra e decidirão não reencarnar. Deslocar-se-ão para outras dimensões da consciência. Nesses reinos mais elevados, trabalharão para sanar a separação que existe entre elas e outros reinos do universo (consciência cósmica), entre a alma, como o universo, e Deus (consciência de Deus) e, finalmente, entre a alma, como Deus, e a unidade total do todo (consciência da unidade). Nesse nível, a alma já não transformará Deus em um ser concreto, mas se identificará com tudo o que existe. Para quase todos nós esse nível de consciência ainda está muito longe. Isso não quer dizer que devemos sentar-nos e ficar sem fazer nada. Pelo contrário, esta é a jornada que estamos destinados a fazer. E quanto mais cedo a encetarmos, tanto melhor.

Segunda Parte

Transformação

Tratei de muitas centenas de pacientes. Entre aqueles que estavam na segunda metade da vida — o que quer dizer com mais de 35 anos — não me apareceu nenhum cujo problema, em última análise, não fosse o de encontrar uma visão religiosa da vida.
Carl Jung

A vida deveria estar dando nascimento à alma, ao desenvolvimento de um modo mais elevado da realidade; a natureza cega, cobiçosa e egoísta do homem precisa adornar-se de beleza e nobreza. Essa alquimia celeste é o que justifica nossa presença na Terra; essa é a nossa missão e a nossa glória. Henri Frederic Amiel

Você não crescerá se se quedar sentado num belo jardim cheio de flores, mas crescerá se ficar doente, se estiver sofrendo, se passar por perdas e se não enfiar a cabeça na areia, mas aceitar a dor e aprender a aceitá-la, não como maldição ou castigo, mas como dádiva que lhe é outorgada com um propósito muito, muito específico. Elisabeth Kübler-Ross

Sempre atraímos para a nossa vida aquilo em que mais pensamos, em que acreditamos com mais força, que esperamos no nível mais profundo e/ou imaginamos mais vividamente. Shakti Gawain

A realidade não muda, mas sua percepção da realidade muda à proporção que você muda. A diferença que existe antes e depois da iluminação, portanto, está em você --- não na realidade.
John White

8

O processo do desenvolvimento

Até este ponto abordamos principalmente a importância do autoconhecimento. Tentamos fazer a pergunta "Quem sou eu?" desenvolvendo e analisando um modelo multidimensional da realidade, que incorpora dimensões mais elevadas de consciência. Vimos que a experiência humana está contida na experiência da alma. Somos todos almas com uma experiência humana. Nossa verdadeira realidade está numa dimensão mais alta da consciência. Para a alma, a forma humana proporciona uma experiência intensa de aprendizagem. Quando é capaz de identificar-se com a alma, você contribui conscientemente para a experiência de aprendizagem. Enquanto não fizer isso, terá a impressão de estar perdido num labirinto. Terá apenas uma vaga idéia do propósito da vida. Descobrirá, de início, o seu caminho baseando-se nos sistemas de crença que recebeu de seus pais. Com o passar do tempo, modificará os sistemas de crença a partir das experiências de vida.

Uma vida surpreendente

Apesar de extrema diversidade dos seus antecedentes, a maioria dos humanos passa a vida procurando alcançar a meta fundamental — a felicidade, que representa o centro do labirinto para a maior parte das pessoas. Na busca da felicidade também gastamos muito tempo e energia tentando evitar a dor.

O labirinto da vida está ligado às escolhas que temos de fazer, todas condicionadas, de um modo ou de outro, à busca da felicidade e à aversão à dor. Nos primeiros anos de vida vamos de uma experiência a outra, fazendo opções que maximizam o prazer pessoal a curto prazo. Deixamos que as nossas crenças controlem mecanicamente o rumo da nossa jornada de vida. À medida que o tempo passa, constatamos que algumas escolhas que fizemos na busca da felicidade, de fato, nos causaram sofrimento. E começamos a acreditar que a felicidade nos foge mais do que a princípio cuidávamos.

Na minha própria vida, lembro-me de haver procurado a felicidade no *status*, no dinheiro e na minha relação com uma pessoa importante. As coisas andaram bem durante algum tempo mas, de repente, vi-me numa situação dolorosa. Era como se tivesse virado uma esquina do labirinto, que, no meu entender, levava à felicidade, e houvesse topado com um muro de tijolos. Depois de recuperar o equilíbrio, fiz uma revisão de todas as coisas e jurei não repetir a escolha. No entanto, para minha grande humilhação, incidi no mesmo erro outra vez, com um resultado igualmente doloroso. Comecei a compreender que o meu problema estava em minha crença sobre o caminho da felicidade. Fosse como fosse, as crenças que me guiavam as opções de vida estavam erradas. Conduziam-me para as veredas do sofrimento. Minhas revelações me acudiram em três partes.

Em primeiro lugar, aprendi que a crença subconsciente que eu tinha de viver minha vida para realizar os desejos e alcançar as metas dos outros simplesmente não funcionava. Meu pai, que morreu quando eu beirava os 17 anos, sempre incutira em mim a importância de ingressar numa faculdade e obter um bom emprego — coisa que sempre lhe fora negada, como fora negada a todos os membros da família. Subconscientemente, persuadi-me a envidar esforços por sua causa. Formei-me com distinção e louvor e tornei-me um bem-sucedido engenheiro, consultor de uma grande multinacional. Era o mais jovem dos sócios da firma, e o escolhido para abrir um novo escritório em Paris. Todos me consideravam muitíssimo bem-sucedido. A despeito de tamanha aprovação, eu me sentia vazio por dentro. Sabia que não estava sendo fiel a mim mesmo. Não expressava quem eu realmente era. Vivia minha vida para agradar aos outros. Sabia que teria de voltar ao ponto em que entrara no labirinto, um pouco mais velho e um pouco mais sábio, e começar de novo. Abri mão da minha posição de executivo para trabalhar por conta própria como consultor autônomo.

Trabalhando por minha conta, sem superiores para agradar e sem iguais para impressionar, comecei a achar que me encontrara e encontrara o meu caminho para a felicidade. Comecei a ver a falta de profundidade do *status* que andara procurando e o medo que me dirigira a ambição. Eu usara o *status* e os frutos da ambição em prol de minha auto-estima. A razão por que me sentia vazio por dentro era o fato de meu valor próprio derivar mais de fontes externas do que de fontes internas. Isso me fazia totalmente dependente dos outros no tocante ao que sentia a meu respeito. Eu resgatara minha alma para a aprovação alheia. Trabalhando sem o apoio de nenhuma hierarquia protetora, descobri o que me agradava. Minha ética de trabalho mudara. Depois de ser impelido a buscar louvores e reconhecimentos externos, passei a buscar o sentido interno. Antes disso, eu costumava aplicar minhas energias em dar aos outros a fim de receber elogios em troca. Agora, porém, já era capaz de dar incondicionalmente. Compreendi que minha tarefa consistia em interessar-me pelas necessidades dos clientes, e não pelas minhas. Mercê desse processo, passei a ser eu mesmo. Já não dependia de mais ninguém para ter minha auto-estima, e já me achava, portanto, pronto para voltar a uma grande empresa. Eu estava agindo com base numa fonte de poder interior e não precisava da empresa. Ela é que precisava de mim. Quando eu já não pudesse satisfazer minhas metas com o trabalho que a empresa me oferecia, seria chegada a hora de prosseguir. Isso era libertador, porque me tornava capaz de agir com integridade e sem medo.

A senda da felicidade pessoal não passa pelo servir a si mesmo, mas pelo servir aos outros.

Minha segunda revelação foi igual à primeira mas, desta feita, se aplicava ao meu relacionamento com uma pessoa especial. Eu dependia da aprovação dela e da felicidade dela para ser feliz. Estava tão carente de amor que não conseguia ser eu mesmo. Meu amor era condicional. Minha condição para dar amor era recebê-lo em troca. Esse modo de dar só tem um resultado — o sofrimento — e coloca uma carga intolerável sobre o relacionamento.

Descobri, por intermédio dessas experiências, que as relações bem-sucedidas, no trabalho e em casa, se baseiam em princípios semelhantes. A senda da felicidade pessoal não passa pelo servir a si mesmo, mas pelo servir aos outros. Atentar para as necessidades alheias e atendê-las confirmam o relacionamento. Preocupar-me em dar, em vez de preocupar-me em receber era o caminho que eu precisava seguir. A crença de que tinha necessidades e de que essas necessidades só poderiam ser satisfeitas por outra pessoa era a causa da minha dor e do meu sofrimento.

Mais ou menos nessa época, passei a desconfiar que minhas crenças estavam criando minha realidade e que a felicidade que eu procurava não se encontrava no mundo exterior. Isso me obrigou a voltar-me para dentro de mim na cata do rumo para o centro do labirinto. Passei a compreender que minha verdadeira busca era a do conhecimento de mim mesmo. Eu não sabia quem era realmente, nem sabia ao certo como criava minha realidade.

Comecei a explorar meu mundo interior, aprendendo a meditar. Entreguei-me à meditação com o mesmo fervor com que me entregara ao exame do meu mundo externo. Meditando, constatei que poderia estabelecer contato com a minha alma. E como continuasse em minha meditação diária, passei a encontrar períodos cada vez mais longos de paz e alegria em minha vida. Propus-me a fazer disso uma experiência permanente, não apenas alguma coisa para sentir quando estivesse sentado na tranqüilidade do meu quarto, mas também alguma coisa que me impregnasse as experiências e relacionamentos de todos os dias. Pela primeira vez na vida compreendi a diferença que existe entre felicidade e alegria. Aprendi que a alegria é uma experiência interior profunda e duradoura, por que passamos quando a personalidade entra em sintonia com a alma. Aprendi que a felicidade é uma experiência passageira, que ocorre quando nossas necessidades pessoais são satisfeitas, através de bens materiais, através de relacionamentos, através do sucesso pessoal. A felicidade é uma reação interna a uma experiência externa. A alegria é uma reação interna a um estado de ser interno. Esse estado de ser nada mais é do que a sintonia da personalidade com a alma. Além da alegria está a bem-aventurança. Bem-aventurança é a experiência da alma quando envolve a consciência da unidade.

Minha última revelação foi que minha mente era dominada, em grande parte, por minhas crenças inconscientes. Meus pensamentos e meu comportamento decorriam dessas crenças inconscientes. Percebi que eu não tinha, efetivamente, o domínio da minha vida. Estava criando, inconscientemente, minha experiência de vida interpretando os acontecimentos através dos filtros das minhas crenças. De um momento para outro, já não me vi como vítima dos outros, senão como vítima do meu sistema de crenças. Dava a cada acontecimento de minha vida todo o sentido que ele tinha para mim por meio das minhas crenças. O que isso me revelou! Compreendi que, se eu mudasse o modo de olhar para as coisas — mudasse minhas crenças —, eu poderia mudar minha experiência da realidade.

Vivida na sua plenitude, a vida não é uma jornada exterior à procura da felicidade, mas uma jornada interior à procura de um sentido.

O tesouro que jaz no centro do labirinto não é a felicidade, mas a experiência da alma. A paz, a liberdade, a alegria e o amor que buscamos constantemente já existem no cerne do nosso ser. Não precisamos olhar para mais nada além da nossa alma. Dessa maneira, vivida em sua plenitude, a vida não é uma jornada exterior à procura da felicidade, mas uma jornada interior à procura de um sentido. As emoções que os fatos externos provocam em nós espelham nossas crenças. Quanto mais abraçamos nossa alma e os princípios operacionais da quarta dimensão da consciência, tanto mais essas crenças refletem o amor. A vida do conhecimento de si mesmo é a que conduz à recuperação da alma.

Lições surpreendentes

A analogia da vida com um labirinto está cheia de metáforas interessantes. Primeiro, você precisa dar-se conta de que *está* num labirinto em cujo centro um tesouro o espera. Sem essa percepção, não terá incentivo para chegar ao autoconhecimento. Errará pela vida sem destino, terminando-a tão longe da realidade quanto a encetou. O início da jornada para a recuperação da alma requer duas condições. Você precisa ter fé em que as coisas vão melhorar. Sem fé, o labirinto se transformará numa encruzilhada de desespero. A segunda condição exige que você aceite a situação em que se encontra no princípio da jornada. Se achar que é vítima da vida, ou que, de um modo ou de outro, foi maltratado, ficará frustrado em sua raiva. Lembre-se de que sua alma escolheu as circunstâncias e condições que cercaram o seu nascimento mas, ao fazer isso, tinha um propósito em mente. Quando maldiz as condições iniciais, você está maldizendo a sua alma. Sem aceitação, viverá amargurado e não encontrará sentido na jornada. Estará em desavença com sua alma.

Você só estará pronto para seguir adiante se as suas crenças abrangerem a fé e a aceitação. Sua tarefa consiste em descobrir as regras de operação do labirinto de modo que possa elevar ao máximo a alegria, a liberdade e a paz, e reduzir ao mínimo a dor, o sofrimento e o desespero. Você começa a marchar para a frente valendo-se das melhores instruções que encontrar. Estas podem vir de crenças religiosas, de seus pais, ou dos valores da sociedade. Quando chegar às subdivisões do labirinto (encruzilhadas da estrada), terá de escolher. Algumas escolhas poderão levá-lo a situações penosas. Outras lhe trarão felicidade. O que quer que transpire das opções que fizer, você terá de aceitar a responsabilidade pelos resultados. Suas crenças (no que concerne ao caminho para o centro) norteiam suas escolhas. Você escolhe o caminho que deseja seguir, ainda que o faça inconscientemente. Quando aceitar a responsabilidade pelas suas opções, começará a assistir à formação de padrões. Certas crenças acarretam situações dolorosas, outras aplainam a estrada. O labirinto parece fornecer-lhe realimentação baseada nas crenças que governam suas escolhas. Quanto mais adotarem estas a unidade, tanto mais "certas" serão. Quanto mais adotarem a separação, tanto mais "erradas" estarão. Pouco a pouco, você entra em sintonia com os prin-

O sofrimento e o mal-estar emocional nada têm que ver com o castigo de Deus, pois decorrem de uma dinâmica de energia que se reflete na falta de sintonia da sua personalidade com a sua alma.

cípios que governam a operação do labirinto. E quando começar a integrar os mesmos princípios em sua vida, tanto mais fácil se tornará a jornada.

A dor é o nosso auxiliar nesse processo. Se não a sentíssemos, não seríamos capazes de entrar em sintonia com a nossa alma. A dor é um sinal que nos diz quando não estamos sintonizados. Como uma luz no painel da vida, ela se acende quando você sai da sintonia com sua alma. Quando sentir alguma forma de mal-estar emocional, pode estar certo de que encontrou um problema que o separa da sua alma. Atrás do mal-estar ou da dor está uma falsa crença a respeito da realidade. No âmago da falsa crença jaz o medo.

Se se surpreender passando repetidamente pelo mesmo mal-estar e a mesma dor, pode estar certo de que descobriu uma crença, baseada no medo, da qual precisa descartar-se. A dor e o mal-estar lhe aconselham a reexaminar suas crenças. Receba-os de braços abertos como postes de sinalização que o preparam para fazer escolhas diferentes. Compreenda o seguinte — a dor e o mal-estar não têm nenhuma relação com o castigo de Deus. São o resultado da dinâmica de energia que reflete a falta de sintonia entre sua personalidade e sua alma. A falta de sintonia começa como um incômodo da mente e pode acabar como dor e doença. Os postes de sinalização da dor e do mal-estar nos ajudam a identificar as crenças que nos sabotam a vida. Conseqüência do mal-pensar, são postes de sinalização para o bem-pensar. São experiências positivas: receba-as bem. O desenvolvimento e a sintonia continuam à medida que você libera as crenças do medo, que lhe produzem dor e mal-estar.

Finalmente, cumpre dar ênfase à importância de elevar sua percepção. A meditação nos põe em contato direto com a alma. À medida que você eleva sua percepção, sua consciência se estende além do mundo tridimensional por cujo intermédio costumamos associar-nos ao mundo da alma. Você atinge uma nova perspectiva fora da realidade física. Na quarta dimensão da consciência e nas dimensões mais altas você se move fora do espaço e do tempo no reino da alma.

A jornada do desenvolvimento começa com fé e aceitação. Implica responsabilizar-se plenamente pelas suas escolhas, buscar sentido em suas experiências, aceitar a dor e o mal-estar como realimentação positiva, modificar suas crenças pela liberação dos seus medos, descobrir os princípios que lhe proporcionam alegria e paz e integrar esses princípios em sua vida cotidiana. Se você quiser que o seu desenvolvimento se processe rápida e suavemente, procure elevar a sua percepção a níveis superiores de consciência todos os dias.

Não é possível indicar aos homens o caminho que eles devem tomar... Cada um observará cuidadosamente o caminho para o qual o seu coração o arrasta, e segui-lo-á com toda a sua força.
O Vidente de Lublin

Venham até a borda, disse ele. E eles disseram: estamos com medo. Venham até a borda, disse ele. Eles foram... Ele os empurrou... e eles voaram. Guillaume Apollinaire

A boa vida é viver em termos honrosos com a própria alma.
Saul Bellow

Somos membros de uma grande orquestra cósmica em que cada instrumento vivo é essencial, complementar e harmonioso para a execução do conjunto. Allan Boone

Nenhum floco de neve jamais cai fora do lugar. Dito Zen

Ninguém está onde está por acaso, e o acaso não tem papel nenhum no plano de Deus. Um Curso de Milagres

9

O que eu vim fazer aqui?

A alma tem dois motivos fundamentais para assumir a forma física. Primeiro, procura aprender lições específicas que lhe facilitem o próprio desenvolvimento no rumo da consciência da unidade. A fim de fazer isso assume a personalidade, que reflete seu estado de evolução. A personalidade torna-se agente da alma na terceira dimensão da consciência. O processo do desenvolvimento ocorre quando a personalidade entra em sintonia com valores que refletem a consciência da unidade.

Segundo, toda alma traz uma dádiva única, uma contribuição para o bem comum, que reflete algum aspecto da consciência da unidade, que pode ser educar crianças, cuidar de idosos, fracos ou enfermos, melhorar as condições de outras espécies, ou promover a compreensão do mundo físico. O alcance do propósito pode ser grande ou pequeno; pode envolver o apoio a outro ser humano, ou o socorro prestado a milhares. Seja o que for, envolverá alguma forma de serviço à raça humana ou ao planeta Terra.

Você talvez não esteja plenamente consciente do propósito de sua alma, mas reconhece provavelmente que certas atividades lhe proporcionam imensa satisfação. No transcorrer da sua vida poderá ver-se envolvido em muitos tipos diferentes de serviço, ou constrangido a expressar-se de determinada maneira. Se quiser encontrar o propósito de sua alma, procure as experiências que lhe dão maior satisfação. O que quer que lhe proporcione uma sensação interior de realização estará intimamente ligado ao propósito da sua alma. Geralmente nós conhecemos o propósito da nossa alma, mas não queremos reconhecê-lo porque ele não convém à carreira que escolhemos nem à identidade que cultivamos com tanto cuidado para nós mesmos.

A forma e o tamanho da dádiva que você traz como alma não importam. O importante é dar a sua dádiva *incondicionalmente*. O oferecimento dessa dádiva é o serviço que você presta à humanidade. Seja o que for que tenha para oferecer, sempre haverá alguém que o necessite. Como células individuais do corpo da consciência humana, todos temos um papel especial para desempenhar. É essencial para o bem do todo que desempenhemos o nosso papel. O conjunto da natureza trabalha de acordo com esse princípio. Se você olhar com atenção para uma colméia de abelhas ou para um cupinzeiro, descobrirá grupos de abelhas ou de cupins com funções específicas, que eles exercem para o bem comum. A colméia das abelhas e o cupinzeiro representam uma unidade na qual cada indivíduo tem um papel para representar. Quando você olha, num sentido mais amplo, para determinados ecossistemas, como a savana ou os pantanais africanos, deparam-se-lhe grupos de animais, aves, insetos e plantas, cada qual com papéis específicos para desempenhar e que visam manter a harmonia do todo. Como almas, temos a responsabilidade de zelar pela humanidade e pelo planeta Terra. E você só pode reconhecer essa responsabilidade prestando serviços.

Todos temos a responsabilidade de zelar pela humanidade e pelo planeta Terra. Você reconhece essa responsabilidade prestando serviços.

Com muita freqüência, a contribuição que você faz para o bem do conjunto é condicionada pelo seu progresso no desenvolvimento pessoal. Quando as lições são difíceis, você fica preocupado com a sua dor e o seu sofrimento. Sente-se como se tivesse pouca energia disponível para ajudar os outros. Sua principal preocupação é a própria sobrevivência. Em resumo, parece-lhe difícil concentrar-se em dar a sua dádiva enquanto não tiver amenizado a sua carga. É mister, portanto, que cada um de nós reconheça que o progresso no desenvolvimento pessoal é necessário para podermos participar do serviço prestado à humanidade. Antes de concentrar-nos plenamente nas necessidades alheias, precisamos libertar-nos dos medos que afligem a nossa mente.

A descoberta do seu propósito de vida

Algumas pessoas descobrem o seu propósito no princípio da vida, ao passo que outras só o descobrem bem mais tarde. A história de Bess nos fornece um exemplo de alguém que só veio a compreender o seu propósito mais tarde na vida. Quando ela veio procurar minha ajuda, a primeira coisa que disse foi não saber por que tinha vindo. A princípio, também não pude compreender. Sentada diante de mim estava uma mulher cheia de vitalidade, com uma aparência que lhe desmentia a idade. Era evidente que levava uma vida espiritualmente rica.

Ela logo me confidenciou que não estava segura do seu propósito. Não sabia o que lhe cumpria fazer na vida. Confortavelmente aposentados, ela e o marido viviam num meio muito aprazível. Eram membros ativos do clube de golfe local, mas Bess se sentia desligada do meio social, que não lhe proporcionava realização nem satisfação.

O ponto seguinte levantado por Bess foi o medo que a acometia todos os dias ao despertar. Fazia anos que isso acontecia. Principiamos analisando o seu passado. Filha de diplomata, em todo o decurso de sua infância vivera em países abalados por distúrbios civis. Aprendera, ainda muito nova, que o mundo podia ser um lugar muito perigoso para se viver.

Usando a visualização dirigida, encaminhei-a para um lugar pacífico do interior. Fiz com que descobrisse uma arca de tesouro escondida no mato. Dentro da arca estava um presente da sua alma, que exerceria grande influência sobre o seu problema. Pedi-lhe que abrisse a arca. Para nossa surpresa, ela encontrou uma criança de cabelos de ouro dentro da arca. No mesmo instante, ela se reconheceu na criança, que estava com medo de sair da arca. Pedi que a encorajasse a sair e lhe dissesse que já não havia perigo. Ela agora podia, com toda a segurança, aventurar-se no mundo exterior. Um sorriso de alegria surgiu no rosto de Bess quando a criança saiu da arca. Ela recobrara uma parte perdida de si mesma, que se sentia receosa do mundo exterior. O medo que Bess sentira durante anos ao despertar desapareceu por completo.

Concentramos a segunda visita de Bess na libertação da energia negativa acumulada dos seus medos e na edificação de sua confiança. Não falamos no seu propósito, embora eu aventasse a hipótese de que ela talvez gostasse de trabalhar como voluntária numa obra de caridade que eu estava ajudando a organizar. Embora eu não o soubesse naquele tempo, minha sugestão interessou-a de pronto, porque colocou diante dela a decisão de ajudar-me ou de encontrar o seu próprio propósito. Era exatamente disso que ela precisava. O fato de ver-se diante de uma proposta específica obrigava-a a avaliar o que realmente desejava fazer.

Ela entrou radiante na visita seguinte. Percebi que alguma coisa havia acontecido. Bess declarou-me que agora sabia qual era o seu propósito. Vira-se obrigada a fazer uma escolha, e o inconsciente lhe entregara uma mensagem, segundo a qual o seu propósito era sustentar sua família. Para ela, o teor da mensagem constituía uma verdade profunda. Isso, porém, não era tudo. Ela contou-me que compunha poesias e canções, e queria que eu as ouvisse. Sentada, durante meia hora, Bess leu e cantou para mim. A poesia inspiradora e as belas canções tinham um significado profundo. Vinham-lhe claramente da própria alma. Descobri que ela estudara canto quando jovem mas, com o passar do tempo, perdera o interesse pela música. Só recentemente se pusera a compor suas próprias canções e a cantá-las, mas nunca em público. Contei-lhe que era muito fácil fazer uma gravação numa gravadora e convidei-a para cantar no próximo seminário que eu estava organizando em nossa região. Eu sabia que suas canções representariam um belo prelúdio para as minhas meditações orientadas. Bess concordou prontamente. Duas semanas depois me escreveu dizendo que, depois da última visita, fora para casa e compusera algumas canções novas. Em seguida, fora à gravadora e fizera uma fita.

Esse talento latente e adormecido era um dom que merecia realmente ser partilhado. Isso deu sentido à vida de Bess e prazer a quantos a ouviram cantar. Ela só precisava superar o medo de expor a própria alma.

Sempre que chegar na sua vida o momento em que sente a necessidade interior de realizar-se, você precisa prestar atenção. A percepção dessa necessidade pode vir por meio de uma insatisfação no trabalho, ou pode assumir a forma de uma crise existencial — a compreensão de que o que você faz não está em sintonia com os seus valores internos. A turbulência interior é o propósito da sua alma, que lhe efervesce na consciência. Se não for reconhecida nem integrada, a turbulência encontrará outra maneira de atrair-lhe a atenção. Quanto mais você resistir, tanto maior será o impacto dela sobre o seu bem-estar. Você se tornará cada vez mais infeliz ou deprimido. Poderá atribuir a causa da sua infelicidade ao mundo exterior, responsabilizando a esposa, a amante, os colegas ou a família pelo seu mal-estar. Mas pode ter certeza de que a causa *não* é externa. Os seus valores internos estão simplesmente fora de sintonia com sua experiência externa. Sua depressão é causada pela raiva de si mesmo. Toda vez que sente mal-estar, frustração, dor ou sofrimento, isso ocorre porque sua personalidade deixou de estar em sintonia com sua alma.

Descobrir o propósito de sua alma e sobreviver a ele é a maior dádiva que você pode dar a si e aos outros. A decisão de seguir o propósito de sua alma o conduz à consciência da alma. Para os bem-sucedidos em suas carreiras, o caminho para a consciência da alma significa, às vezes, tomar decisões penosas. Você pode sentir necessidade de abrir mão da carreira e recomeçar ou, então, encontrar a felicidade levando valores espirituais para o local de trabalho.

Passando da carreira à missão

A simples contemplação dessas mudanças lhe acarretará, muito provavelmente, medos e dúvidas à mente. Quando fala sobre eles à esposa ou aos colegas, a menos que estejam eles próprios num caminho espiritual, é pouco provável que o compreendam. O mais provável é que tentem dissuadi-lo de continuar nessa rota. A primeira reação deles, e a mais natural, será de medo do que isso possa significar para a segurança deles. Finalmente, você poderá enfrentar um conflito entre a necessidade de seguir sua voz interior e a resistência dos que o cercam. Pouca coisa lhe resta além de protestar-lhes o seu amor incondicional e pedir-lhes um voto de fé e de confiança. Se o medo deles não lhes permitir esse amor incondicional, você talvez tenha de tomar a penosa decisão de seguir adiante prescindindo-lhes do apoio. Se decisões como essa forem necessárias, procure ter *certeza* de estar ouvindo sua própria alma. Se a sua vocação lhe traz benefícios em primeiro lugar, isso pode ser simplesmente o seu ego a exigir que lhe satisfaçam os desejos. Se, por outro lado, sua vocação se concentra no serviço prestado aos outros ou ao planeta, é muito provável que você esteja ouvindo a voz da sua alma. Você saberá intuitivamente qual é a verdade.

Quando comecei a reconhecer o que minha alma me convocava para fazer, tive a impressão de que a minha carreira e a minha missão me puxavam em direções opostas. Senti-me dividido e não sabia como integrar em minha carreira a espiritualidade prática. Mais ou menos nessa ocasião, procurei os conselhos de um respeitado amigo na Inglaterra que passara por uma transformação semelhante. Ele não viu conflito algum entre minha missão de ajudar as pessoas a viverem na consciência da alma e o meu trabalho no World Bank. "Pelo contrário", disse-me ele, "este é provavelmente o melhor lugar para você dar a sua dádiva." Quanto mais eu pensava nas suas palavras, mais compreendia que ele estava certo. Eu já reconhecia que nossa sociedade tem uma necessidade irresistível de carregar valores espirituais para o local de trabalho. Quando me abri para essa idéia, comecei a ver como isso seria possível. O universo respondeu apropriadamente, ensejando-me a oportunidade de criar uma Sociedade de Desenvolvimento Espiritual no World Bank. Fui promovido a agente de câmbio e assim juntei meus interesses profissionais e espirituais.

Quando você recebe o desafio de pôr em prática o propósito de sua alma, você estará se deslocando da carreira para a missão.

Seja-me permitido estimular os que se confrontam com um dilema semelhante a integrar a jornada espiritual na vida profissional. Existe grande necessidade de trazer valores espirituais para o cenário empresarial, quer proporcionando um fórum onde as pessoas possam encontrar-se e conversar sobre assuntos espirituais, quer persuadindo a empresa a passar de um paradigma de competição, exploração e interesse próprio para um de cooperação, capacitação e bem comum.

Quando aceita o desafio para pôr em prática o propósito da sua alma, você não tarda a deslocar-se da carreira para a missão. Precisará tornar-se destemido e disciplinado. O trabalho da alma não pode ser levado a cabo frouxamente; exige entrega total. Mas essa entrega não requer que você se transforme num viciado em trabalho. O trabalho da alma, pelo contrário, é leve e prazeroso. Os trabalhadores experientes da alma não labutam arduamente para conseguir resultados. Eles manifestam o que querem criar por intermédio do poder da sua mente e pela compreensão dos princípios da manifestação. Isso não quer dizer que você pode ficar sentado e fazer as coisas acontecerem graças ao poder dos seus pensamentos. Você terá de colocar energia física no que faz. Precisará criar uma visão do que deseja levar a efeito. Essa pode ser a visão do seu futuro ou, se estiver envolvido com outras pessoas, pode ser uma visão grupal. A força da visão e sua intenção de contribuir para o bem comum permitem que os trabalhadores da alma se manifestem com facilidade.

Acima de tudo, os trabalhadores da alma compreendem o uso da energia. Eles nunca se empenham precipitadamente num combate. Eles trabalham mais cooperando do que competindo, mais com amor do que com medo, buscando sempre mais o bem comum do que o ganho pessoal. Quando encontram resistência, conservam a energia procurando caminhos paralelos. Também sabem trabalhar com o tempo. Evitam o medo que circunda os prazos fatais arbitrariamente estabelecidos, mantendo-se flexíveis e abertos às oportunidades. Onde quer que haja medo, haverá constrição. O medo impede que se manifeste a visão. Quando constringimos a vida, matamos a espontaneidade e barramos as oportunidades. Expulsando o medo da nossa vida, atingimos a meta mais depressa e mais amiúde, de um modo diferente do esperado.

O cuidado com você mesmo

A alma reconhece que a força dada por você ao propósito da sua vida exige que você seja forte. Para continuar forte, você precisa aprender a cuidar de si mesmo. Os trabalhadores da alma sabem como cuidar de si próprios. Eles se entregam freqüentemente ao repouso, certificando-se de que cuidam da mente, do corpo e da alma e trabalham com concentração e propósito. Cuidar de si mesmo é um dos requisitos mais essenciais do trabalhador da alma. Se você não for forte, é pouco provável que consiga ajudar os outros.

A disciplina também é importante, não no sentido militar, mas no sentido de encontrar tempo e lugar para cuidar de *todas* as suas necessidades. Você precisa de tempo para si e de tempo para estar com os outros. Precisa de tempo para a meditação e a oração, e de tempo para o exercício. Fuja do ascetismo, dos exageros e de todas as formas de excesso. Desenvolver essa atitude interior de disciplina é um dos desafios mais difíceis que enfrentamos. Nosso ego está condicionado para servir ao nosso desejo mais por prazer do que por nossas verdadeiras necessidades. A alma nos chama a nós e não ao ego nessa jornada. O ego se vale de toda a sorte de desculpas para faltar à meditação ou ao exercício. Faz-se mister uma luta árdua para convencê-lo de que, prestando serviço, ele pode passar do prazer à alegria. Se você topar com a resistência do ego, comece imediatamente a observar a sua consciência. Diga a si mesmo: lá vai o meu ego de novo, atrás dos seus luxos e prazeres. Não seja duro consigo mesmo, mas seja persistente. Acima de tudo, aprenda a ouvir a sua alma.

A comunicação com a alma

Toda vez que minha alma falou comigo e eu atentei para o que ela me dizia, surpreendi-me envolvido num acontecimento capaz de transformar vidas. Às vezes, era a minha vida que mudava, às vezes era a vida dos outros, às vezes eram ambas. Sempre que aceitei o chamado, dei novo impulso à minha fé.

Nas quatro primeiras ocasiões em que ouvi o chamado de minha alma, dúvidas significativas me acudiram. Todos os medos que pude imaginar me visitaram. Eu duvidava de minhas próprias capacidades; duvidava que os outros fossem aceitar minhas idéias; e duvidava da minha capacidade de levantar os fundos necessários para realizar os meus planos. Essas dúvidas e medos eram as minhas crenças limitadoras, a medida da minha falta de fé e de confiança na minha própria alma. Por meio dessas experiências aprendi a confiar em minha alma e em suas ligações com o resto do universo. Agora, quando ouço a voz interior, confio nela imediatamente. Quando tenho alguma dúvida, seja ela qual for, peço um sinal. E o sinal nunca demora a aparecer.

Nos fins de 1992, depois de ter partilhado alguns conceitos deste livro com um grupo de colegas do World Bank, surgiu a idéia de formar, de algum modo, um grupo de estudos espirituais no banco. Como já tive ocasião de explicar, eu andara procurando uma oportunidade para estabelecer sintonia entre a minha missão e a minha carreira. A reunião do grupo para discutir os conceitos deste livro foi o ponto de partida para alcançarmos nossa meta. Poucas semanas depois de termos analisado o meu livro, troquei de cargo dentro da empresa. O desafio do novo cargo foi intimidante. Um mês depois de estar ocupando a nova posição, dois amigos do grupo de estudo me procuraram e perguntaram se eu não queria organizar o grupo de estudos especiais. Respondi-lhes que ia pensar no caso, mas cheguei à conclusão de que essa atividade me tomaria muito tempo. Achei que ela não me deixaria enfrentar os desafios de minha nova função. Sabendo, porém, como a alma trabalha, decidi pedir ajuda. Ofereci uma oração dizendo simplesmente à minha alma: se quiser que eu o faça, dê-me um sinal.

Poucos dias depois, recebi o chamado de uma senhora que eu não conhecia. Ela e uma amiga trabalhavam no World Bank e tinham visto minha foto num jornalzinho do banco. O artigo que acompanhava a foto falava a respeito de um seminário que eu organizara sobre "Libertação da Alma" para uma reunião da Association for Research and Enlightenment na África do Sul. Elas me pediram para organizar uma forma qualquer de grupo de estudos espirituais no World Bank. Sorri intimamente porque esse era o meu sinal. Reunimo-nos. Expliquei que eu estava disposto a organizar o grupo, mas dispunha de pouco tempo para dedicar aos aspectos administrativos. Elas me disseram que não me preocupasse com isso porque se encarregariam de fazer tudo o que fosse preciso. "Basta que nos diga o que fazer e nós o faremos", foi a resposta que me deram. Minha oração havia sido atendida com o pleno reconhecimento das minhas atividades profissionais.

Esse foi o começo da Spiritual Unfoldment Society (SUS). Anunciamos o empreendimento num boletim semanal distribuído aos funcionários e, pouco tempo depois, formamos uma comissão diretora. Decidimos nos reunir todas as quartas-feiras, no horário do almoço, por uma hora. O número de interessados cresceu rapidamente. Dali a três meses as reuniões do SUS atraíam mais de 50 pessoas. No dia 4 de julho de 1993, *The Washington Post* publicou um artigo a respeito do SUS. Pouco depois, começamos a receber chamados de pessoas, fora do World Bank, que queriam participar. Volvido um ano, o SUS já atraía de 50 a 80 pessoas todas as semanas. Formaram-se grupos subsidiários nos outros dias da semana para discutir tópicos específicos, como a cura do corpo e da mente e *Um Curso de Milagres*. Iniciou-se também um grupo de meditação. Conto essa história para ilustrar dois pontos — primeiro, a importância das comunicações abertas com a alma; e, segundo, o desejo ardente que existe de expressão dos valores espirituais no local de trabalho.

Um abraço na alma

Ouvir a própria alma é o primeiro passo no rumo da comunicação aberta com dimensões mais elevadas da consciência. Depois do ouvir vem o abraçar. Para aprender a *abraçar* sua alma você precisa adotar princípios e valores que existem no campo de energia, unificado e infinito, das dimensões mais elevadas da consciência. O mundo não conhece limites, nem medo, nem dualidade alguma, e só reconhece o amor incondicional. A alma continua a ser o aspecto eterno do seu ser, que conheceu muitas vidas. Posto não seja necessário acreditar na reencarnação para conhecer sua alma, o fato de estabelecer contato com as outras vidas que ela já teve pode trazer compreensão para certos aspectos das suas atuais circunstâncias de vida.

> *As circunstâncias da sua vida fazem parte do fluxo natural de um sistema de aprendizagem experimental destinado pela sua alma a promover a própria evolução.*

Esta jornada que denominamos vida, com seu princípio insondável e seu fim inexplicável, é justamente uma das centenas de vidas que sua alma viveu. Toda experiência viva tem sido importante para ela. Nenhuma mais importante do que a outra, e todas concentradas em aprender algum aspecto do amor incondicional.

Como seres tridimensionais, vemos apenas parte do processo em que estamos envolvidos. Vemos tão-só nossa vida presente. Não temos nenhuma lembrança imediata das outras vidas da nossa alma. Não temos a menor idéia de por que somos como somos nesta existência. Para a alma, porém, isso é muito claro. Sua vida atual é o próximo passo da jornada de sua alma. Se você compreender o que estou dizendo, compreenderá também que as circunstâncias desta existência são parte do fluxo natural de um sistema de aprendizagem experimental, designado por sua alma a promover a própria evolução.

Como humanos, com a nossa perspectiva limitada de uma única vida, achamos tudo isso muito difícil de entender. Bem lá no fundo, de um modo ou de outro, nós sabemos que estamos envolvidos num processo de aprendizagem. Designamo-lo pelo nome de crescimento espiritual. Mas o nome não é apropriado. Na realidade, o processo se parece mais com desenvolvimento. Como almas, deslembrados da nossa unidade com toda a criação, absorvemo-nos totalmente nas nossas experiências terrenas e esquecemos quem somos. Como humanos, estamos tentando ajudar nossa alma a se lembrar da perfeição que foi nossa no tempo da criação. Todas as lições que a alma nos prepara se concentram nesse propósito singular. As camadas de sistemas de crença, que criamos na mente, nos separam do nosso verdadeiro ser. Essas camadas de crenças são parecidas com as pétalas que formam o botão de uma flor. Assim como toda a beleza da flor não pode ser vista enquanto as pétalas não se abrirem, não podemos redescobrir nossa perfeição enquanto não descascarmos as camadas de crenças que nos rodeiam. Quando nos tornamos como uma flor desabrochada, já não temos escaninhos nem cantos onde esconder o nosso eu-sombra. Tudo é evidente. Nada se esconde. A beleza de nossa alma é visível para que o mundo inteiro a contemple.

A verdadeira jornada da vida é uma jornada interior de descobrimento. A compreensão da natureza da sua alma traz nova perspectiva para a sua vida — uma perspectiva que remove o medo da morte e o medo de viver. Essa compreensão lhe dá poder para criar a realidade que você deseja, e carrega de sentido cada momento de sua vida. A sensação de estar vivo torna-se a coisa mais emocionante de sua existência. Tudo em nosso mundo exterior representa nosso estado de consciência individual e coletivo. Não temos necessidade de vasculhar bibliotecas empoeiradas para encontrar esclarecimentos sobre nós e sobre a nossa sociedade. O que acontece na nossa vida a cada momento reflete todo o estado do nosso ser interior, pessoal e comum. Só precisamos observar.

Como acelerar o seu desenvolvimento

O serviço mais importante que podemos prestar à nossa alma é acelerar o seu desenvolvimento. Precisamos dar-lhe plena liberdade para expressar-se por intermédio da nossa personalidade. O processo envolve a transformação pessoal pelo ajuste da sintonia da personalidade com a alma. À proporção que progride com a sua sintonia, você se torna um canal para a expressão do amor incondicional. Incluem-se no processo quatro mudanças na percepção. *Primeiro, reconheça-se como um ser de consciência multidimensional — aceite o fato de ser uma alma que vive na terceira dimensão da consciência.* Quando o tiver aceito plenamente como sua realidade, terá tomado a decisão de acelerar o processo de evolução da alma.

Em segundo lugar, reconheça a responsabilidade da alma e do ego pela criação da sua realidade pessoal, e a sua contribuição para criar a realidade global. O princípio da responsabilidade precisa ser plenamente aceito. O seu mundo é a *sua* criação da realidade e o meu mundo é a *minha* criação da realidade. Podemos ver-nos exatamente diante do mesmo acontecimento na vida, mas nós lhe atribuímos sentidos diferentes. O sentido que lhe imputamos individualmente será baseado nos sistemas pessoais de crença ligados ao estado de evolução de cada alma individual. Esse conceito pode ser difícil de aceitar. Sei por quanto tempo lutei com ele. O enfoque da vítima é muito sedutor. Seja qual for a energia que manda para o mundo, essa é a energia que você atrai. Observe atentamente as circunstâncias da sua vida e, se não gostar do que vir, opere uma mudança na direção do amor incondicional. E observe as mudanças positivas que de certo ocorrerão.

Em terceiro lugar, *olhe constantemente para as suas crenças fundamentadas no medo*; quando as encontrar, compreenda-as, confesse-as e libere-as. A energia delas lhe veda o viver no amor incondicional.

Essas crenças não são difíceis de descobrir. Toda vez que você sentir um mal-estar emocional, estará lidando com uma crença baseada no medo. Suas experiências "negativas" não acontecem por acaso. Ou você as atrai por intermédio da energia que manda para o mundo, ou as cria por intermédio do sentido que dá às experiências. Em certos casos elas representam uma intervenção da alma. Mas, seja qual for o caso, encare todos os eventos desagradáveis como inequívocos postes de sinalização que exigem mudança de crença.

Finalmente, *reconheça que o desenvolvimento espiritual requer a interação no mundo*. Não há um laboratório mais perfeito para aprender a verdadeira expressão da sua alma do que aquele em que se manifesta a plenitude das experiências e relacionamentos da vida. Quando evitamos os relacionamentos, evitamos as aplicações práticas do que aprendemos. Não poderemos desenvolver-nos se não tivermos um espelho que reflita para nós o progresso que estamos realizando. Os relacionamentos funcionam como templos do saber.

Quando você toma a decisão de viver como alma, você precisa de um novo mapa rodoviário, de uma nova forma de compreender o mundo e de um novo sistema de crenças. Baseie o seu novo sistema de crenças nos princípios que governam os reinos superiores da consciência. Substitua suas crenças relativas ao tempo, ao espaço e à materialidade por novas crenças que adotem os conceitos de eternidade, de onipresença e de energia. À medida que integrar esses conceitos novos na sua vida, suas crenças se modificarão e você se deslocará da zona de conforto dos sistemas de crença da sociedade para um reino em que se destacará como alguém diferente. Isso, por si mesmo, criará novos medos. Você se sentirá exposto, pouco seguro de si, com medo de falar com toda a franqueza. Esses medos são o seu passaporte para a transformação. Enquanto caminhar para eles e por dentro deles, você terá a experiência do seu desenvolvimento. Mas, quando emergir, sentir-se-á cheio de força e de vida. Mais intimamente sintonizado com a sua alma, você estará vivendo na consciência da alma.

Se alguma vez acontecer que sua própria mão, inadvertidamente, o golpeie, você tomará de uma vara e castigará a mão desatenta, aumentando, desse modo, a sua dor? O mesmo ocorre quando o seu vizinho, cuja alma se identifica com a sua, por não ter compreensão suficiente, o prejudica: se for à forra, você sofrerá. Rabino Shmelke de Nikolsburg

Precisamos erguer prodigiosamente o limiar da nossa percepção para poder ver o que realmente somos: células do corpo imortal da humanidade. Norman Cousins

Não é o nível de prosperidade que faz a felicidade, mas a afinidade entre os corações e a maneira pela qual olhamos para o mundo. Ambas são atitudes que temos o poder de assumir, de modo que o homem será feliz enquanto decidir ser feliz, e ninguém poderá impedi-lo. Alexander Solzhenitsyn

O dois, na realidade, é apenas um: só a pessoa ignorante vê muitos quando há somente um. Alce Negro

10

Cinco caminhos para a unidade

Existe apenas um princípio fundamental — a unidade — que temos de integrar na nossa vida para alcançar a consciência da alma. Por meio da integração dos valores que sustentam a unidade no nosso dia-a-dia, chegamos mais perto de nossa alma. Quando nos ligamos à unidade existente nos níveis mais elevados da consciência, desenvolvemos um novo modo de "ver" e de "conhecer". Nossos poderes psíquicos prosperam e aprendemos a ouvir com muita atenção nossa voz interior — a voz da nossa alma.

Sincronicidade

Um dos primeiros modos que se nos ofereceram de notar a ligação que existe nos níveis mais elevados de consciência foi por meio do "serendipismo" e da sincronicidade. Em 1754, Horace Walpole cunhou a palavra "serendipismo" para designar a faculdade de fazer por acaso descobrimentos felizes. Muito freqüentemente, com a sabedoria da percepção tardia, esses "acasos" assumem novo significado. Eles fazem parte de um padrão de experiências que nos levam a certa direção, como se fôssemos guiados por uma mão oculta. Na minha própria vida, acontecimentos dessa natureza ocorrem reiteradamente. Quando estou preparado para o passo seguinte no meu desenvolvimento, topo com alguém, acho um livro ou obtenho um sucesso que se ajusta muito bem com as minhas necessidades, ainda que eu não as conheça conscientemente. Muitas vezes fui a uma livraria, sem saber direito o que estava procurando, e logo encontrei um livro, o qual me ensejou uma introvisão que me fez dar mais um passo na minha jornada de desenvolvimento. Nos últimos anos, tenho topado "acidentalmente" com uma corrente constante de pessoas que acabam produzindo um impacto significativo na minha vida e na minha obra, ou tenho sido posto em contato com elas. Vistas de uma perspectiva superior, elas formavam um padrão completamente racional de experiências. Vistas de uma perspectiva tridimensional, elas não passavam de acidentes casuais.

O conceito de serendipismo foi ampliado por Carl Jung na sua definição de sincronicidade.[1] Ele definiu a sincronicidade como "a coincidência, no tempo, de dois ou mais acontecimentos causalmente não relacionados, mas que têm o mesmo significado". Pensar num amigo íntimo e receber um chamado desse amigo instantes depois seria um exemplo de sincronicidade. O pensamento e o chamado telefônico são os acontecimentos não relacionados; o significado comum é que ambos dizem respeito ao amigo.

O conceito de sincronicidade surgiu da fusão da teoria quântica com a psicologia, ocorrida graças à colaboração de Carl Jung com Wolfgang Pauli. Embora a origem da mecânica quântica seja creditada a Werner Heisenberg, seu amigo Pauli mereceu o crédito por haver convencido muitos físicos de que a mecânica quântica estava certa. Jung foi influenciado e incentivado por Pauli para publicar suas idéias sobre sincronicidade. A colaboração entre Jung e Pauli resultou na publicação de *The Interpretation and Nature of the Psyche.*[2] Mercê da ação mútua dos dois, o conceito de "sentido" entrou na idéia de sincronicidade, por meio da qual as manifestações exteriores espelham as transformações interiores da mente. O reconhecimento das relações entre as manifestações externas e as mudanças internas empresta sentido às manifestações externas que, à primeira vista, parecem não ter relação alguma com qualquer outro acontecimento. Para Jung, as seguintes circunstâncias são exemplo de sincronicidade:

> O meu exemplo refere-se a uma jovem paciente que, a despeito dos esforços despendidos de ambos os lados, revelou-se psicologicamente inacessível. A dificuldade estava no fato de que ela sempre sabia mais a propósito de tudo. A excelente educação que recebera lhe fornecera a arma idealmente adequada a essa finalidade, a saber, um racionalismo cartesiano altamente polido acompanhado de uma idéia impecavelmente "geométrica" da realidade. Depois de diversas tentativas infrutíferas de suavizar-lhe o racionalismo com uma compreensão um pouco mais humana, tive de limitar-me a esperar que acontecesse alguma coisa inesperada e irracional capaz de arrebentar a retorta intelectual em que ela se encerrara. Certo dia, eu estava sentado diante dela, com as costas voltadas para a janela, prestando atenção ao seu fluxo de retórica. Ela tivera um sonho impressionante na noite anterior, em que alguém lhe dera um escaravelho de ouro — uma jóia cara. Enquanto ela ainda me contava o sonho, ouvi qualquer coisa atrás de mim batendo gentilmente na janela. Virei-me e vi um inseto voador de grandes dimensões que batia na vidraça do lado de fora, num esforço evidente por entrar na sala escura. Aquilo me pareceu muito estranho. Abri a janela imediatamente e peguei o inseto no ar, quando ele entrou voando. Era um besouro escarabídeo, o escaravelho dourado que ataca roseiras, cuja cor, entre o ouro e o verde, se parecia muito com o de um escaravelho de ouro. Estendi o besouro para a minha paciente com as palavras: "Aqui está o seu escaravelho." Essa experiência abria a fenda desejada no seu racionalismo e quebrou o gelo da sua resistência intelectual. Dali por diante, o tratamento pôde ser continuado com resultados satisfatórios.[3]

Os acontecimentos separados do sonho e do surgimento do besouro contrastam completamente com as nossas experiências normais de causa e efeito, que são fisicamente óbvias — como quando as bolas de bilhar ricocheteiam uma na outra. A diferença com os acontecimentos sincronísticos é que estes transpõem o abismo entre a mente e a matéria e ocorrem sem nenhuma relação com o espaço e o tempo. Em *Synchronicity: The Bridge between Matter and Mind*, David Peat observa:

> No entender de Pauli, a sincronicidade possibilitava o início de um diálogo entre a física e a psicologia, de tal modo que o subjetivo seria introduzido na física, e o objetivo, na psicologia. Em vez de olhar de maneira exclusiva para a física ou para a psicologia, à procura da solução dos segredos da natureza, Pauli entendeu que havia necessidade de um enfoque complementar, em que os aspectos subjetivo e objetivo revelassem características distintas dos mesmos fenômenos subjacentes.[4]

De início, Jung identificou as sincronicidades com os reflexos, no mundo externo, das mudanças internas da consciência. Depois, prosseguiu definindo três categorias de acontecimentos sincronísticos: a coincidência de um acontecimento externo com um sonho ou um pensamento em que não há provas de ligação (sincronicidade); a coincidência de um acontecimento externo fora do campo de percepção com o conhecimento desse acontecimento (conhecimento simultâneo); e a coincidência do conhecimento interno de um acontecimento que ocorrerá no futuro (conhecimento anterior). Os estudos levaram Jung a concluir que ou a psique (alma) não pode ser localizada no espaço ou no tempo, ou o espaço e o tempo são relativos à psique.[5] Em outras palavras, ele reitera a natureza infinita e eterna da consciência da alma. Quando você começa a atentar para a voz de sua alma, nota que as três categorias de sincronicidade ocorrem em sua vida. A percepção cada vez maior desses fenômenos na minha vida levou-me a concluir que não existem acontecimentos casuais. Todos são significativos e totalmente conectados em algum nível da mente. Estamos ligados na consciência a tudo o que existe. Quando acreditamos realmente nisso, afirmamos a existência da consciência da unidade.

A unidade

Nós colocamos em prática o princípio da unidade ao superar nossas crenças na separação. Nos reinos superiores da consciência, todos fazemos parte de um vasto fluxo de energia. No dizer do físico David Bohm, tudo está contido em tudo.[6] Só estamos separados na medida em que a onda está separada do oceano. A onda tem uma forma distinta e apartada, mas se acaba integrando de novo no oceano e a água que formou a primeira onda forma a segunda. Só logramos a percepção da unidade e da conexidade de tudo desfazendo o sentido de fragmentação na nossa mente. Precisamos reidentificar e nos reintegrar nessa unidade. Voltando ao exemplo acima, somos iguais às ondas que se acreditam separadas do oceano.

Podemos ajudar nossa alma a atingir a consciência da unidade adotando crenças compatíveis com os valores e princípios da unidade. Muitas crenças refletem o princípio da consciência da unidade. Acredito que as cinco seguintes são as mais importantes. Quando as adotamos — respeito a toda a vida, igualdade de todas as almas, importância do bem comum, responsabilidade pelo todo e amor incondicional — elas se convertem em caminhos para a consciência da unidade. Precisamos incorporar esses princípios em nossas relações com o eu, a família, os colegas, os amigos, a flora e a fauna, o nosso ambiente e o planeta Terra.

A responsabilidade pelo todo

Quando você reconhece que faz parte da unidade de todas as coisas, você se torna muito consciente da influência que sua vida exerce sobre os outros e sobre o ambiente. Enquanto esse reconhecimento não se manifesta, enquanto você é feliz, pouco se interessará pelo modo com que influi nos outros. Mas quando aceita o princípio da unidade, sua alegria se converte na felicidade alheia.

> *Seja qual for a coisa com que se identifica, você se interessa por ela.*

Chegamos à unidade pela expansão da nossa auto-identidade. Seja qual for a coisa com que se identifica, você se interessará por ela. Quando você se identifica com o seu corpo, você se interessa por ele. Quando você se identifica com membros da sua família, você os sustenta. Quando você se identifica com a sua casa e seu jardim, você se interessa por eles. Quando você se identifica com o seu ambiente, você o protege e favorece o seu desenvolvimento. À proporção que expande o seu sentido de identidade, você expande o âmbito do seu interesse. Para alcançar a consciência da unidade, o interesse precisa atingir a qualidade do amor incondicional a toda a criação. É mister que você se perca na unicidade. A onda se transforma no oceano. Essa é a tarefa principal de nossa alma.

Quando compreendi a importância de trazer a unidade à minha vida, renunciei à identidade passada e passei a considerar-me cidadão do mundo e membro de todas as raças e fés religiosas. Passei a considerar como minha identidade principal o fato de ser uma alma com uma experiência humana. Conquanto eu esteja expressando a energia de minha alma na forma física de um macho, nesta vida, possuo considerável energia feminina e sinto-me livre para expressá-la. A identidade que escolhi me faculta ser inclusivo em todos os meus relacionamentos e viver fora da separação. Se eu não tivesse feito uma escolha consciente, teria continuado a considerar-me um homem de Yorkshire e protestante, e teria me sentido apartado do resto do povo britânico e dos europeus, e teria me sentido separado de católicos, judeus e muçulmanos. Como alma, estou livre para ligar-me a todas as pessoas, porque na consciência da alma não há limites geográficos nem distinções. Dessa maneira, concentrando-me no que todos partilhamos, elimino os limites de separação que poderiam manter-nos isolados. Todas as guerras, em todo o decorrer da história, se travaram entre grupos de identidades diferentes no intuito de proteger ou expandir suas fronteiras, religiões ou raças nacionais. Os povos que compartem da mesma identidade raramente declaram guerra uns aos outros.

À medida que você se avizinha da consciência da unidade, o seu sentido do eu se expande. Esse sentido mais amplo do eu lhe incute um sentido maior de responsabilidade. Porque agora se identifica com a humanidade, a terra e a natureza, você se interessa por elas. O bem-estar delas fica intimamente ligado ao seu. Você sente a necessidade de defendê-las e favorecer-lhes o desenvolvimento. Nesse estado, dá-se conta intensamente do impacto externo de sua vida exercido sobre as outras pessoas e sobre o ambiente. Você não quer que seus atos causem dano aos outros e tampouco poluam o ambiente, e faz o possível para cuidar dos desvalidos, dos desprivilegiados ou doentes. À medida que se perde no serviço da humanidade, você diminui a concentração nas próprias necessidades, concentra-se menos em obter o que acha indispensável e muito mais em dar. O movimento da sua energia é para fora, para os outros, e não para dentro, para você.

A importância do bem comum

Reconhecemos a importância do bem comum por atos de partilha e cooperação. Com exceção das necessidades básicas — alimento, água e abrigo — nossas necessidades físicas são poucas. Depois de as termos satisfeito, concentramos nossos desejos em coisas que nos aumentarão a conveniência e o conforto. Chegados, porém, a certo grau de conforto, teoricamente não deveríamos ter nenhuma outra necessidade. Todavia, alimentados pelos nossos medos e insegurança e pela busca constante do prazer, continuamos criando novas necessidades. Continuamos a gastar e a juntar. Nesse nível, procuramos simplesmente encher o vazio interior, que reflete o fato de nos termos esquecido de quem somos e mede a nossa desconexão com a alma e a consciência da unidade. Procuramos encher o vazio interno acumulando riquezas externas ou objetos físicos. O efeito é sempre temporário. Deixamos de compreender que os objetos que possuímos se tornam parte da nossa identidade. Seja ela qual for, a coisa por que nos interessamos torna-se parte do que somos.

Se a sua identidade está envolvida nas suas propriedades ou em sua conta bancária, suas propriedades e sua conta bancária dominarão os seus pensamentos. Você estará sempre preocupado com o modo de protegê-las. Quando adota a consciência da unidade, você enxerga de maneira diferente suas propriedades, que se transformam em empecilhos para o seu encontro com o seu verdadeiro eu. Isso não quer dizer que lhe seja imprescindível desfazer-se de todas as propriedades para descobrir a consciência da unidade. Basta que você se dê conta da natureza temporária da sua zeladoria e aja concordantemente. Na realidade, você nada possui. Nada existe de separado para possuir. Como administrador ou guarda temporário das suas propriedades e da sua riqueza, a pergunta que você deveria estar fazendo a si mesmo é: Como posso usar o que tenho para o bem comum?

> *Só pode haver unidade quando as pessoas são livres. A unidade é uma escolha e não pode ser imposta.*

A partilha e a cooperação, muito freqüentemente, serão a resposta a essa pergunta. Contribuir com seus talentos e recursos e cooperar com os outros lhe possibilitará alcançar as sinergias onde os resultados são mais do que a soma das partes. A cooperação reflete plenamente o princípio da consciência da unidade. Junta as pessoas umas às outras, constrói relacionamentos, conserva recursos, partilha benefícios, cria igualdade e mostra que você se interessa pelos demais. A cooperação favorece soluções em conjunto que promovem o bem comum. A competição, por outro lado, promove a separação. Cria vencedores e perdedores, os que têm e os que não têm, destrói relacionamentos, desperdiça recursos, promove o interesse egoísta e busca a supremacia.

A igualdade de todas as almas

Reconhecemos a igualdade de todas as almas através da liberdade de expressão e dos direitos iguais. Sem liberdade não podemos expressar-nos plenamente nem aprender o que é responsabilidade. Esse princípio é integralmente compreendido nas dimensões mais elevadas da consciência. Só há unidade quando as pessoas são livres. A unidade é uma escolha e não pode ser imposta. Cabe a cada um de nós e à sociedade em geral assegurar a toda alma que se manifesta no plano físico da consciência a liberdade de escolha. Essa é uma precondição do desenvolvimento espiritual.

No nível da alma, somos todos iguais. Quando adotamos uma atitude superior em relação aos outros, ou nos consideramos melhores do que os outros, estamos simplesmente encobrindo nossos próprios sentimentos de impropriedade. Nós diminuímos o vizinho para nos sentirmos bem com nós mesmos. Os juízos depreciativos que fazemos a respeito do próximo representam aspectos da nossa sombra projetadas no mundo exterior. Quando isso acontece, operamos no reino da consciência tridimensional. Nossos próprios receios de inferioridade nos levam a proceder dessa maneira. Quando nos aceitamos como realmente somos e liberamos nossos medos da impropriedade, parece-nos fácil aceitar os outros como eles realmente são.

A implementação da crença na igualdade começa no seu próprio lar, com os filhos e a esposa. A igualdade exige uma atmosfera aberta e sincera, em que não há medo. A maior dádiva que podemos oferecer a outra pessoa é a liberação do medo. O máximo que podemos fazer nesse sentido é propiciar as condições que favorecem os relacionamentos afetuosos, sinceros e abertos. Não podemos levar embora os medos das pessoas. Só elas podem fazê-lo.

Num plano global, a igualdade das pessoas reinou como uma das questões mais polêmicas do século XX. Começando com as mulheres e sua liberdade para votar, ela avançou para incluir as questões raciais e os direitos das minorias. Embora se tenham feito progressos em todas essas frentes, subsistem ainda listas extensas e inacabadas de assuntos que ainda precisam ser tratados. A principal questão da igualdade que teremos de enfrentar no próximo século é superar a pobreza — reduzir a disparidade cada vez maior entre os que têm e os que não têm.

Os atuais sistemas de crença ligados à economia são construídos e operados de modo que os ricos ficam cada vez mais ricos e os pobres cada vez mais pobres. Isso se aplica não só no interior das nações mas também entre elas, e está intimamente ligado à crise ambiental global. Tanto o excesso de consumo dos países ricos e industrializados quanto a pobreza das nações em desenvolvimento alimentam a degradação ambiental do planeta. As máquinas que impelem a economia do mundo obrigam as pessoas a deixar os estilos de vida cuja base de sustento é a terra e a criar guetos urbanos. Enquanto nossos sistemas políticos e acordos comerciais não reconhecerem a importância de partilhar a riqueza e os recursos de maneiras ambientalmente amistosas entre todas as pessoas, de forma eqüitativa, seguiremos no atual caminho do desespero.

Respeito para com toda vida

Respeitamos a vida interessando-nos por todas as coisas vivas e protegendo-as. Todas as formas de vida são manifestações da consciência da alma. Elas também usam suas experiências no plano físico da consciência para aprender suas lições. Cabe-lhes o direito de viver até o fim o propósito de sua alma, exatamente como nós. Precisamos aprender a acomodar as necessidades de toda a criação ao ambiente em que vivemos. Assim que compreendemos esse conceito, passamos a agir como provedores. Começamos a reconhecer-nos responsáveis por todas as energias da alma. Como humanos, temos a capacidade de destruir ou preservar o nosso ambiente natural. Temos a liberdade e a responsabilidade de deixar que as energias de outra alma vivam sua vida no nosso mundo. O nosso registro até agora não tem sido bom. Consentimos na extinção de numerosas espécies de plantas e animais. À proporção que aprendemos a respeitar a vida, estabelecemos ligação com outros aspectos da consciência da alma. Destruindo o mundo natural, exibimos a crença na separação.

Quando chegamos a reconhecer-nos como almas, superamos o medo da morte e começamos a compreender a natureza eterna da nossa percepção. A vida eterna é um fato evidente por si mesmo na quarta dimensão da consciência. Essa compreensão tem implicações importantes para os nossos sistemas tridimensionais de crença, uma vez que nos tolhe a visão da vida a curto prazo e nos conduz à visão a longo prazo. Como almas reencarnadas, somos as gerações futuras. Estamos criando a nossa herança neste mesmo instante. As condições que experimentaremos na Terra em nossas encarnações futuras são as condições que criamos agora. Se você não aceita o conceito da reencarnação, reflita simplesmente no impacto que suas decisões atuais exercerão sobre seus filhos e as futuras gerações. Você quer deixar o planeta em condições melhores ou piores para eles? A Terra é a nossa ligação com as gerações futuras. A qualidade da nossa herança depende do que deixamos para trás. Se nos sentirmos ligados a elas, deixaremos para trás alguma coisa melhor do que a que encontramos. Se nos sentirmos separados, não nos deteremos nisso. Exploraremos tudo visando tão-só nossos próprios interesses egoístas. Decidindo interessar-nos pelas futuras gerações e pelas diversas manifestações da consciência da alma, que abundam na Terra, estaremos abraçando a consciência da unidade.

O amor incondicional

Pelo serviço expressamos nosso reconhecimento do amor incondicional. Quando se conhece a unidade, o dar passa a ser igual ao receber.

Se somos todos células do mesmo corpo, só podemos dar a nós mesmos. Quando as células fortes de um corpo dão às células fracas, aumenta a força de todo o corpo. Precisamos interessar-nos pelos fracos, pelos inválidos e pelas minorias para aumentar a força do conjunto. É do interesse de todos agir assim. Essa estratégia reflete plenamente o princípio da unidade.

A alegria, contudo, fugirá de nós se o serviço que prestarmos aos outros não se basear no dar incondicional. Quando se presta um serviço na expectativa da reciprocidade, ele se torna condicional e deixa de ser um caminho para a alegria. Quando você se sente precisado de amor, sua esperança secreta é que, dando amor, o receba em troca. Essa estratégia é raro bem-sucedida e sempre resulta em dor e separação. A base de uma crença desse naipe é o medo de não ser amado. Você atrai o que teme. Como já discutimos, essa é uma das principais regras de operação da consciência.

Quando se reconhece a unidade, o dar passa a ser igual ao receber.

Num relacionamento em que duas pessoas entram em contato com a alma, elas estão cheias de amor. Não existe nenhum vazio interior. Cada pessoa se concentra em *dar* amor, não em atraí-lo. Com esse dar incondicional, não se fazem exigências; não há assuntos por resolver escondidos no relacionamento. A comunicação agora pode ser honesta e veraz. Nesse tipo de relacionamento não há o que temer. Quanto mais amor você der, tanto mais receberá. Na consciência, tudo é energia. Quanto mais energia positiva, afetuosa, incondicional você mandar para o mundo, seja em forma de cuidados, de dinheiro ou de atitudes positivas, tanto mais você receberá em troca. Prestar serviço é o atalho mais rápido que há para a bem-aventurança. Que melhor incentivo poderíamos ter para adotar a consciência da unidade?

O progresso no rumo da consciência da unidade pode ser apressado pela concentração em cinco metas: a importância do bem comum, a igualdade de todas as almas, a responsabilidade pelo todo, o respeito à vida e o amor incondicional. Enquanto você aprende a integrar plenamente essas crenças na sua vida e aprende a adotar os valores que elas representam, você se vê formando uma relação mais significativa com o mundo que o cerca. O processo se acelera quando você abraça conscientemente sua alma. Você se vê totalmente sustentado por forças invisíveis, que provêm às suas necessidades a tempo e hora.

Espere o melhor; converta os problemas em oportunidades; não se satisfaça com o status quo; *concentre-se no lugar para onde quer ir, em vez de se concentrar no lugar de onde vem; e, o que é mais importante, decida-se a ser feliz, sabendo que isso é uma atitude, um hábito ganho com a prática diária e não como um resultado ou um pagamento.* Dennis Waitley

Os homens não são perturbados pelas coisas, senão pela visão que têm delas. Epicteto

Para conhecer a verdade precisamos livrar-nos do conhecimento; nada é mais poderoso e criativo do que o vazio. Lao-Tsé

Não há necessidade de lutar para ser livre; a ausência de luta já é uma liberdade por si mesma. Chogyam Trungpa

A única maneira de descobrir os limites do possível é ir, além deles, para o impossível. Arthur C. Clarke

A paz de espírito não vem do desejo de mudar os outros, mas de aceitá-los simplesmente como são. Gerald Jampolsky

11

Dez estratégias para atingir a consciência da alma

Os cinco caminhos para a unidade dos quais tratamos no capítulo precedente são crenças que precisamos integrar na nossa vida se quisermos viver em sintonia com a nossa alma. Eles proporcionam um mapa em larga escala da jornada da alma. Um mapa assim é importante, mas não basta. Quando exploramos um território novo, também precisamos de informações a respeito das estratégias que podemos adotar no caso de nos perdermos. Você encontrará a seguir as informações de que precisa. As dez estratégias para chegar à consciência da alma proporcionam orientação aos que procuram viver em sintonia com sua alma.

Estratégia nº 1: As crenças condicionam a sua realidade

Quando você aceita o desafio de "conhecer", enceta uma jornada que conduz à recuperação da alma. O autoconhecimento começa a interrogá-lo acerca de cada um de seus pensamentos, palavras e atos. Por que penso assim? Por que fiz isso? Por que eu disse isso? Fazer essas perguntas o ajudará a descobrir suas crenças e seus motivos ocultos. Quando você se põe a refletir nas respostas, acaba se surpreendendo com os medos e suposições que descobre. Seus medos e suposições funcionam como crivos de crença, com os quais se filtra a realidade. O que você vê e ouve é o que você mesmo programou para ver e ouvir. As respostas orgulhosas que o ajudaram a sobreviver à infância e as idéias a respeito de si mesmo, respigadas em seus pais, irmãos e iguais, se cristalizam com o passar do tempo e se transformam em crenças, com as quais você agora filtra a realidade, traduzindo inconscientemente suas experiências no molde das suas crenças. Sejam o que forem, as crenças agem como peneiras com as quais você condiciona a sua realidade. Com tais filtros inconscientes no lugar, sua vida se torna uma ilusão que você mesmo se impõe. O caminho para o descobrimento de si próprio consiste em remover os filtros de maneira que você possa encontrar a verdade.

A história seguinte ilustra o que eu quero dizer. Um moço chamado Roger, de vinte e poucos anos, encontrava uma de suas maiores emoções em dirigir o seu carro esporte para as montanhas, perto de casa, e fazer as curvas fechadas da estrada na maior velocidade possível. Essa atividade reforçava a imagem masculina que ele fazia de si próprio. Um dia, quando dirigia sozinho nas montanhas e se aproximava de uma de suas séries favoritas de curvas, com um precipício de um lado e um prado do outro, um automóvel contornou a toda a curva diante dele e guinou de um lado para outro. Fora de controle, o carro veio diretamente sobre ele. Roger viu que era muito tarde para evitar a colisão, a não ser que algum milagre acontecesse. No último momento, o motorista do carro desgovernado, recobrando o domínio, puxou o veículo para o outro lado da estrada, não abalroando o automóvel de Roger por um triz. Quando as máquinas passaram, velozes, uma pela outra, a mulher ao volante do outro carro virou-se para Roger e gritou: "Porco!" Sem pensar, Roger respondeu-lhe instintivamente: "Vaca!" Seu pensamento seguinte foi que fizera muito bem respondendo na hora à agressão da mulher. Roger recuperou a compostura e passou pela curva um pouco mais depressa do que gostaria de ter passado. Ao sair dela, deu com um porco no meio da estrada. Afortunadamente, conseguiu frear a tempo.

O sistema de crenças de Roger filtrara o comentário "Porco" da mulher como agressão. Ser levado a temer pela própria vida por uma mulher fora um golpe duro ampliado à sua auto-estima. Roger ficara com raiva dela por fazê-lo sentir-se daquele jeito. Roger filtrara-lhe a mensagem como uma agressão e retaliara da mesma forma. Enquanto isso, a mulher que enviara uma mensagem de advertência baseada no amor interpretara-lhe a resposta "Vaca" como prova de interesse pela sua segurança, e agora estava certa de encontrar uma vaca na estrada. Roger usara um filtro de "medo", ao passo que ela usara um filtro de "amor". Nenhum dos dois motoristas recebera a mensagem pretendida. Ambos filtraram os acontecimentos baseados em suas crenças, nenhuma das quais representava a verdade. Essa história é freqüentemente encenada por todos nós, de uma forma ou de outra, ao longo de toda a nossa vida. Filtramos constantemente os acontecimentos da vida com os nossos sistemas de crença.

Estratégia nº 2: A prática da observação de si mesmo

Se pudéssemos realmente alcançar a transcendência — viver num mundo sem crenças — que acharíamos dessa experiência? Completamente mergulhados em apenas ser, não teríamos medos que nos arrastassem para o futuro, nem raiva que nos puxasse de volta ao passado. Nossa percepção estaria inteiramente concentrada no momento presente e experimentaríamos um estado profundo de alegria e de paz. Não teríamos crenças de medo que nos separassem daqueles com os quais tivéssemos entrado em contato, nem do nosso ambiente. Enxergaríamos toda a vida, inclusive a nossa, da posição do observador imparcial. Nesse estado superior estaríamos abertos à verdade, livres para decidir quando agir e quando falar, em lugar de responder com o inconsciente. Sem medo, não precisaríamos defender-nos de maneira alguma e em nenhuma situação. Nossas relações estariam abertas à cooperação, à boa vontade e à partilha. Tornar-nos-íamos ouvintes atentos. Estaríamos inteiramente abertos à sabedoria e à intuição que promanam da alma.

Um dos modos de entrar no estado de ausência de crenças e crescer no conhecimento de si mesmo é a prática da auto-observação. O observador que existe em você é projeção da sua alma. É o "Eu" no centro do seu ser. É o "Eu" em que você se converte na meditação, quando o pensamento desanuvia a sua mente. Encontrar o "Eu" que observa significa abandonar seus medos e crenças a respeito de quem você acha que é. O modo com que nos identificamos condiciona os nossos pensamentos, palavras e ações. As identidades que assumimos são crenças a respeito de quem supomos ser. Quando abandonamos as crenças que criam nossa identidade, encontramos o nosso verdadeiro eu. E só quando movemos a nossa percepção para o eu-alma podemos ser um verdadeiro observador.

Toda vez que você sentir alguma forma de mal-estar emocional — raiva, frustração ou ressentimento —, procure a parte da sua identidade que sente essas coisas e tente descobrir por quê. Você aprenderá muita coisa a respeito do seu ego interrogando-se. Entretanto, para executar esse exercício, você precisa destacar-se dessa sua parte que experimenta esses sentimentos e aprender a tornar-se um observador para livrar-se das garras do condicionamento inconsciente. E quanto mais se identificar com sua alma, tanto mais fácil lhe será isso.

Estratégia nº 3: Todo acontecimento é neutro

Uma forma importante de remover as bases do seu sistema de crenças é considerar cada acontecimento como neutro. Afirmando que todos os acontecimentos são neutros, reconheça que, seja ele qual for, o sentimento que a situação desperta em você provém do sentido que você lhe decidiu dar. Entretanto, pode ser que não seja uma decisão consciente. Se o acontecimento produz em você sentimentos negativos e raiva, tenha certeza de que está lidando com crenças de medo inconscientes. A verdadeira questão não é a situação externa, senão a própria falta de sintonia entre você e sua alma. Toda vez que você sentir mal-estar emocional ou raiva, a culpa será sempre sua; nunca dos outros.

Afirmando que todos os acontecimentos são neutros, você dá a si mesmo espaço para observar-se e examinar o filtro da crença que lhe causa sofrimento. Quando aprender a fazê-lo, identificará situações que lhe produzem sistematicamente reações negativas. Essa identificação servirá de pista importante para determinar os filtros de crença que lhe causam mal-estar. Fale consigo mesmo como se fosse um observador. Diga coisas como estas, por exemplo: "Ora (diga o seu nome), o que é que há? Por que você está ficando zangado? Deixe disso, não queira bancar a vítima comigo, diga-me a verdadeira razão. Qual é o medo que você não quer admitir?" Quando puder atingir sistematicamente esse nível de alheamento, estará no caminho da recuperação. Quando compreender que suas reações se baseiam nas suas opções, você poderá começar a trabalhar visando modificar suas crenças.

Pela aplicação rigorosa dessa técnica, suas crenças inconscientes se tornarão aparentes. Você começará a ver padronizado o modo com que interpreta os acontecimentos e começará a desenterrar seus medos ocultos. Com o tempo, você será cada vez mais capaz de dominar suas crenças e descobrirá que o pânico instantâneo, outrora provocado por certos acontecimentos, agora pode ser controlado.

Estratégia nº 4: Todo problema é uma oportunidade

As situações que encontramos na vida só se tornarão problemas se as ações que julgamos necessárias para resolvê-las nos causarem medo. O medo é a única diferença entre o problema e a oportunidade. Quando você vive na consciência da alma não existe medo e todo problema passa a ser oportunidade. A oportunidade, porém, sempre requer de nós que expressemos os valores associados à consciência da unidade. Assim que você classificar uma situação como problema, passe para o método da observação de si próprio e diga a si mesmo que está dando à situação todo o sentido que ela tem para você. Feito isso, procure ver as oportunidades que a situação proporciona. É uma oportunidade mais de cooperação que de competição? É uma oportunidade de expressar o amor incondicional? Ou de ser sincero e honesto no que tange ao seu relacionamento? É uma oportunidade de abrir seu coração? Qual é a oportunidade que a situação lhe proporciona?

Os problemas são oportunidades sustentadas pelo medo.

Aprender a interpretar o que acontece, sem fazer juízos críticos e sem deixar que as emoções lhe anuviem o pensamento, é o primeiro passo para ver os acontecimentos como oportunidades. Se não puder reprimir a resposta emocional, reserve uns poucos momentos para senti-la e, em seguida, deixe-a ir. E passe para a aceitação. Você pode estar criando o significado da situação por intermédio das suas crenças, ou pode estar atraindo a situação em virtude da energia que manda para o mundo. Pode ser até que sua alma intervenha em sua vida no intuito de chamar-lhe a atenção. A única coisa de que você pode ter certeza é que o que está acontecendo encerra uma mensagem que lhe é destinada. Você nunca é uma vítima. Seu ego e sua alma criam sempre a sua realidade por um bom motivo. Por trás de cada acontecimento doloroso há uma energia que resulta em benefício. Pode ser que você não o perceba quando acontece, mas pode estar certo de que o bem está ali. A dor e o sofrimento são nossos amigos. São postes de sinalização que nos orientam para pensar de maneira diferente a respeito das situações. Quando aproveitamos a oportunidade e fazemos mudanças permanentes, vemos resultados positivos. Quando nos sentimos vítimas, deixamos que passe por nós outra oportunidade e nos preparamos para uma repetição da mesma triste lição.

Guarde-se de racionalizar o que acontece na sua vida. É perda de tempo e de energia, é um desperdício de ambos os recursos. Com a sua limitada perspectiva tridimensional e o sistema de crença que herdou do passado, suas probabilidades de tropeçar na verdade de uma determinada situação são escassas.

A lógica que usamos enquanto vivemos na consciência tridimensional não toma conhecimento das nossas crenças inconscientes nem da perspectiva da alma. Nossa compreensão de uma situação muitas vezes se relaciona mais com nossas crenças do que com a verdade. Se quiser saber a verdade, volte-se para dentro de si mesmo e empenhe-se num diálogo com a sua alma. Procure suas respostas na meditação, perguntando e ouvindo com atenção. Isso não é tão difícil quanto parece. Sua alma está pronta para falar com você e aconselhá-lo, a

Nossa compreensão de uma situação muitas vezes se relaciona mais com nossas crenças do que com a verdade.

qualquer momento que você deseje. Peça e lhe será dado. Procure e encontrará. Solicite orientação antes de adormecer e preste atenção aos sonhos que tiver. Não espere ouvir vozes. É possível que sua alma se comunique com você por intermédio de visões, imagens e pensamentos. Preste uma atenção muito especial aos primeiros pensamentos da manhã, sobretudo depois de haver pedido ajuda na véspera.

Estratégia nº 5: Confie num universo que o apóia

Quando você tem medo do mundo em que vive, você o acha insuportável. Quando você ama o mundo em que vive, encontra nele apoio contínuo. Sua crença cria sua realidade. Os que acreditam num universo hostil querem dominar todos os aspectos da sua vida, particularmente os relacionamentos. Com muita freqüência sofrerão de alergias. As alergias são sintomas da crença num mundo hostil. Nós atraímos o que tememos inconscientemente. O processo de desenvolvimento requer que libertemos nossos medos e entreguemos o controle de nossa vida à nossa alma. Feito isso, você se abrirá para o apoio do universo.

À proporção que se processa o seu desenvolvimento, pode ser que se lhe deparem oportunidades incompatíveis com a sua idéia de como devem evolver as coisas. Você também pode encontrar o que supõe serem obstáculos. É importante não prejulgar nem restringir o modo com que o universo trabalha, mas lembrar-se de que todos os problemas são oportunidades disfarçadas. Às vezes, faz-se mister uma dor e um mal-estar tremendos para compreendermos que precisamos mudar. O que pode parecer obstáculo quase insuperável, como um divórcio, a perda do emprego ou de uma pessoa amada, nada mais é que uma abertura para um futuro novo, que nunca teria surgido se o "obstáculo" não tivesse surgido.

O universo é um ambiente que apóia totalmente a sua alma. O reino físico foi criado por almas para almas e, assim sendo, que outra coisa poderia fazer senão apoiá-las? Se você achar que o universo não o está apoiando, ou você ainda não se aceitou como alma, ou você não aceitou as lições que sua alma escolheu para ministrar-lhe nesta existência.

Depois de haver-se comprometido com o desenvolvimento espiritual e com a recuperação da sua alma, os acontecimentos sobreviventes o conduzirão ao encontro do desejo de sua alma. É importante confiar no processo e deixar que sua vida se desenvolva sem julgamentos. Mais tarde, quando olhar para trás, você verá como se operou perfeitamente o desenvolvimento. Verá como lhe foi dado o necessário no momento em que era necessário, e como sua abertura à mudança acelerou o processo. A integração da personalidade com a alma cede o controle da vida a uma força superior. Durante esse processo de integração é essencial que os interesses do seu ego sejam substituídos pelos interesses da sua alma. Se você ainda procura *status* por meio de promoções na carreira ou por meio da riqueza, ou até por meio da manipulação dos outros, seu desenvolvimento será bloqueado. Quando sua personalidade refletir verdadeiramente o propósito de sua alma, você trocará a carreira por uma missão. Tornar-se-á servidor da humanidade, fará parte de uma rede global de servidores do mundo e procurará impelir a humanidade e o planeta para uma nova era de iluminação.

A alma nunca lhe destina uma tarefa para a qual você não esteja apto.

Quando der atenção ao propósito de sua alma, você constatará que o trabalho para o qual foi convocado sempre o ajudará a desenvolver-se e crescer. A alma nunca lhe destina uma tarefa para a qual você não esteja apto. Você terá a impressão de estar encetando alguma coisa para a qual suas capacidades são inadequadas. Entretanto, descobrirá que a ajuda de que precisa está sempre ali, exatamente no momento certo. Após muitos anos de dúvida, eu mesmo aprendi a lidar com o medo de ser inadequado. Deixe-me ilustrar minha técnica.

Certo dia, meu chefe me chamou à sua sala e comunicou-me que havia um projeto novo do qual pretendia me encarregar. Perguntei-lhe se se tratava de um projeto difícil. Ele respondeu que sim. Respondi-lhe que isso não me interessava, porque eu só queria trabalhar em projetos impossíveis. Ele me encarregou de um projeto impossível e eu o levei a cabo. Por que gosto de pedir tarefas aparentemente impossíveis? A resposta é simples. Se a tarefa parecer impossível, você se verá forçado a contar com a sua alma e com suas ligações com reinos superiores de consciência para executá-la. Não lhe restará outra alternativa, a menos que você queira viver na ansiedade e no medo. Quando você convoca o universo da consciência e todas as suas ligações, você passa do medo para a confiança. Você se converte num canal para as energias superiores, a fim de que possam ajudá-lo a criar uma solução. Você entra num estado de conexidade que atrai experiências sincronísticas.

Quando você reconhece a conexidade da consciência, você compreende a operação normal desta última no nível da alma. A alma é capaz de estabelecer contato e trocar informações com outras almas sem que você se dê conta disso. Comprometendo-se com o impossível, não lhe restará outra alternativa senão abraçar a sua alma, dizendo não ao medo e sim à unidade do universo.

Estratégia nº 6: Valorize-se

Se você não der valor a si mesmo, ninguém mais o fará. Sua experiência externa sempre refletirá sua consciência interna. Se você não puder amar a si mesmo, ser-lhe-á difícil manter relacionamentos de amor com outras pessoas. Quanto mais nos amarmos a nós mesmos, tanto mais os outros nos amarão. Amar a si mesmo não é egoísmo. É reconhecer a importância que se atribui ao fortalecimento do todo. Os atos de amor endereçados a você mesmo podem tomar muitas formas. As mais importantes são você certificar-se de que tem tempo para si próprio e suas atividades e de que pode dizer "não" às situações que o prendem mais do que imagina que podem prendê-lo. Se serve sempre às necessidades alheias e nega a si mesmo o direito de satisfazer às suas, você pode estar com medo de não ser amado. A abnegação, freqüentemente, é uma estratégia para conseguir o amor dos outros.

Em muitas situações, sobretudo quando você está estressado, dizer *não* é a coisa mais apropriada e carinhosa que você pode fazer. Quando você diz *sim* querendo dizer *não*, sua personalidade está fora de sintonia com a sua alma. Você deixa que o medo dite a sua reação. Quando se sentir incapaz de enfrentar a situação, confesse-o. Isso ajuda todo o mundo. Se estiver trabalhando para alguém, deixar que esse alguém saiba que o serviço não é fácil proporciona a essa pessoa uma expectativa realística da data em que a tarefa poderá ser concluída. Se você lhe der uma expectativa não realística, a decepção se seguirá ao engano. Ser honesto consigo mesmo e com os outros é a coisa mais carinhosa que se pode fazer. Esta é uma qualidade fundamental que todos devíamos desenvolver.

Se tivermos medo no coração, seremos incapazes de ser honestos com nós mesmos e com os demais. O medo impede que falemos francamente ou nos obriga a mentir. Lembre-se de que o medo é a lembrança do sofrimento passado projetada no futuro. Por trás do medo esconde-se a crença de que falar alto e claro ou ser honesto resultará em castigo. Essas crenças têm amiúde origem na infância, quando aprendemos que expor com franqueza nossos pensamentos ou expressar nossas emoções nem sempre agrada a nossos pais ou professores. Aprendemos que o falar com desassombro pode resultar em sofrimento. A dor de uma lembrança dessa natureza não raro nos impede de falar sinceramente.

Quando nossas crenças de medo nos tolhem de dizer o que sentimos, bloqueamos o fluxo da energia do pensamento e o armazenamos em nossas emoções (a emoção é um pensamento não expresso). Sentimo-nos frustrados e zangados (o sentimento de que ninguém se interessa por nós), mas receamos liberar pensamentos não expressos por causa das conseqüências imaginadas. Em decorrência disso, nos calamos e nos conformamos com viver amedrontados. Transforma-se a nossa mente numa panela de pressão de pensamentos não expressos e a nossa pressão sangüínea se eleva. Acreditamos então que nada podemos fazer no tocante à situação.

Algumas pessoas liberam a pressão projetando sua raiva sobre um mundo insuspeitoso. Como temem expressar seus sentimentos diante da pessoa com a qual estão zangadas, projetam-nos sobre um subordinado ou sobre o primeiro que lhes cruzar o caminho. Finalmente, a energia negativa se expressará e assumirá a forma de uma enfermidade ou de uma explosão emocional. Esta tanto pode ser a energia armazenada durante uma vida inteira quanto a energia da véspera. Se tivermos a energia bloqueada por muito tempo, poderemos finalmente deixá-la sair num gesto violento e selvagem. O amor por si mesmo começa quando você se dá permissão para expressar livremente seus pensamentos e tratar das próprias necessidades.

O modo como nos sentimos a respeito de nós mesmos governa a nossa realidade. Quando temos uma auto-estima elevada, atraímos situações positivas e afetuosas. Quando a nossa auto-estima está baixa, atraímos situações negativas e pensamentos temerosos. Em *The Six Pillars of Self Esteem*, Nathaniel Branden fornece seis estratégias para desenvolver a auto-estima: viver conscientemente, auto-aceitação, auto-responsabilidade, auto-afirmação, ter um propósito na vida e integridade pessoal.[1]

Quem **vive conscientemente** desiste de imaginar que os sentimentos são um guia infalível para a verdade. Reconhece que eles refletem as crenças. Suas crenças se baseiam em experiências subjetivas, que talvez não coincidam com a realidade.

Quem se aceita inteiramente possui os aspectos negativos e positivos da sua *persona*. Sem a **auto-aceitação**, renega as partes da consciência que lhe desagradam em si mesmo e só as enxerga nos outros.

A **responsabilidade consigo mesmo** afirma o seu papel na criação da sua realidade. Você é responsável pela sua felicidade. Ninguém mais pode dar-lhe essa felicidade nem tirá-la de você.

A **auto-afirmação** permite que você se trate com respeito em todos os encontros humanos. Fazendo perguntas e dizendo "não", você outorga a si mesmo o direito de existir e de participar do mundo de uma maneira construtiva.

Ter um **propósito na vida** é dar sentido a ela. Sem um propósito você será carregado de uma experiência para outra, realizando muito pouca coisa e tendo um sentido assaz relativo de consecução. Viver com um propósito significa decidir conscientemente o que deseja fazer com sua vida, e fazê-lo. Não pode haver maior propósito e maior sentido do que o de estar integralmente comprometido com o propósito da alma.

A **integridade pessoal** envolve o viver sua vida de acordo com sua ética pessoal. Quando seus pensamentos, suas palavras e suas ações coincidem com suas crenças, você tem integridade. Entretanto, se a sua ética pessoal não coincidir com os valores da consciência da unidade, você topará com a dor, o mal-estar e o sofrimento que ocorrerão na sua vida, mesmo que você esteja vivendo com integridade. A ética final baseia-se principalmente nos valores da consciência da unidade e reflete esses valores.

A valorização de si mesmo. O problema mais comum da auto-estima é não dar valor a si mesmo. Quando você não se dá valor, você imagina que é uma pessoa detestável, que não merece amor, que não é suficientemente bom, esperto ou capaz. A realidade para você é uma constante negação do eu. Você será malsucedido em todas as áreas em que se manifestar essa negação do eu. Quando enfrentar seus problemas, trabalhe com afirmações que sustentam sentimentos positivos a seu respeito, que o afirmam como pessoa capaz e digna de amor.

A história de Jane ilustra muitos desses pontos. Mulher atraente, de quase quarenta anos, Jane ficara extremamente deprimida após romper seu relacionamento de quatro anos com John. Tudo o que ela queria era estar com John e, toda noite, adormecia chorando.

Segundo a sua crença, ela era detestável, o que constituía uma de suas metáforas de vida. Uma dentre cinco irmãs, crescera competindo pela atenção dos pais. Estes, contudo, tinham seus próprios problemas. O pai era alcoólatra e a mãe vivia com medo do marido. As crianças pareciam estar sempre no caminho deles. Na infância, Jane nunca se sentira valorizada como pessoa. Suas experiências reforçavam-lhe a crença de que era detestável. De mais a mais, ela nunca sentira amor incondicional. Adulta, sua crença tornou-se um filtro que lhe condicionava as experiências e se refletia no seu relacionamento com os homens. Por mais que os parceiros se esforçassem por demonstrar-lhe o seu amor, isso para Jane era totalmente inacreditável. Ela vivia num estado de ansiedade com relação à própria aparência e à sua capacidade de atrair e conservar a afeição do parceiro. O que ela temia passou a ser a sua realidade. Como os outros homens antes dele, John nunca pôde preencher o vazio que Jane sentia dentro de si. Por fim, cansados da desconfiança e da incompreensão dela, os namorados acabavam deixando-a.

Quando Jane compreendeu tudo isso e aceitou a responsabilidade pela crença de estar criando a sua realidade, reconheceu que precisava se livrar da dor das experiências infantis se quisesse se livrar da crença negativa. Jane procurou conselhos e, pouco a pouco, pôde construir sua confiança. Principiou a ver-se desejável e independente. Precisou de muita paciência e se pôs a trabalhar duro para se livrar das crenças limitadoras e substituí-las por crenças positivas. Agora, muito bem casada, já não sente a necessidade de valorização que sentira tantas vezes no passado.

Estratégia nº 7: Aceitação

A aceitação das condições que sua alma escolheu para você nesta existência é essencial se você quiser viver na consciência da alma. Igualmente importante é a aceitação da necessidade de mudar. O desenvolvimento espiritual é um processo evolutivo que gira sobre os gonzos da mudança. A aceitação das condições e a necessidade de mudança envolvem três fases — a gratidão, a entrega e a alegria. O ato de expressar gratidão à alma (ou a Deus) pela sua vida cria uma ligação com as dimensões mais elevadas da consciência. Afirmar simplesmente a gratidão é tudo que se faz necessário para entrar em contato com a alma. O ato de expressar gratidão abre o canal. Vem depois a entrega. Esta envolve nada mais, nada menos que entregar a vida à alma a fim de realizar-lhe o propósito, entrando a personalidade, por esse meio, em sintonia com a alma. O ego oferecerá resistência, porque teme precisar renunciar aos seus pequenos prazeres ou precisar enfrentar os seus medos. Entretanto, o que o ego não compreende é que a entrega do pequeno eu o ajudará a encontrar o grande eu. Além disso, você também encontrará a alegria.

O ato de expressar gratidão à alma cria conexão com as dimensões mais elevadas da consciência.

O desenvolvimento espiritual exige que você aceite todas as situações dolorosas como oportunidades de desenvolvimento. Quando você evita continuamente essas oportunidades, você põe em movimento uma situação que ameaça a sua vida, como se a alma estivesse dizendo: "Como posso atrair-lhe a atenção? As pancadas e golpes que levou até agora não lhe despertaram a percepção para a oportunidade de desenvolvimento que está à sua frente. Talvez a ameaça de perder a vida consiga atrair-lhe a atenção, para que possa, finalmente, começar a trabalhar esse problema."

Mark Matousek, jornalista que contraiu a AIDS, escreve: "A experiência da espiritualidade aprofundada parece ser quase universal entre os tocados pela AIDS, embora muitos prefiram vestir suas epifanias de termos humanísticos. A AIDS, na realidade, salvou a minha vida, impelindo-me para a mudança, estimulando-me a enfrentar o difícil, realçando meu fascínio pelas coisas divinas."[2] Segundo Matousek, outros, também tocados pela AIDS, se sentiram estimulados a estudar o espírito. "Sabendo que podemos morrer logo, vimo-nos forçados a olhar para a eternidade; a entesourar o que temos." A um de seus amigos, a moléstia proporcionou-lhe o ensejo de afastar-se da correria da vida, de que havia muito já se cansara, e lhe permitira passar seus dias com as coisas que mais amava.

Esse enfoque da doença é partilhado por pessoas de outras culturas. Ouçamos Kat Duff: "O *cherokee* tradicional entende ser a doença uma experiência purificadora, destinada a restituir-nos ao caminho do nosso destino e do nosso espírito. Nas tradições xamânicas, presume-se que a doença tem dimensões espirituais."[3]

Em *A Doença como Caminho,** Thorwald Dethlefsen, psicólogo espiritual, e Rüdiger Dahlke, médico em pleno exercício de sua profissão, dão a entender que todo sintoma de moléstia representa um desafio e uma oportunidade de descobrir a condição inconsciente de que ela surge.[4] Se não virmos os sintomas nesses termos, a moléstia perdurará e se agravará. Eles ilustram a idéia de expansão da seguinte maneira. Os fenômenos psicológicos (pensamentos, desejos, fantasias), quando não são tratados aberta e honestamente, transformam-se em perturbações funcionais. Estas, por seu turno, conduzem a perturbações físicas agudas, como inflamações, feridas e acidentes menores. Se os últimos, ainda assim, não lhe chamarem a atenção para a necessidade de sintonização da alma, as condições passarão a ser crônicas. Por fim, a condição torna-se incurável ou fatal. Em sua próxima vida, você poderá sofrer de deformidades congênitas ou ter uma violenta propensão para determinadas enfermidades. Por conseguinte, ainda que voltemos ao mundo com um corpo novo, traremos conosco uma consciência antiga.

---

* Publicado pela Editora Cultrix, São Paulo, 1992.

Contidos na consciência antiga, jazem todos os problemas de desenvolvimento irresolutos. Importa reconhecer que me refiro apenas à aceitação do contexto da vida — as situações que rotulamos de "acaso", mas pelas quais a alma é responsável. A aceitação dos maus-tratos infligidos a outrem não podem, de forma alguma, fazer parte da agenda da sua vida.

Estratégia nº 8: Concentre-se nos relacionamentos

Tudo o que é importante na vida está ligado aos relacionamentos. A riqueza, o poder e o *status* não têm valor algum sem relacionamentos afetuosos. Em casa ou no trabalho, seus relacionamentos são os instrumentos que medem a sua evolução no sentido da consciência da alma. Somente por meio de relacionamentos encontramos verdade e sentido em nossa vida, e nos encontramos a nós mesmos.

Os relacionamentos são os espelhos que dizem quem somos. Sem essa realimentação não podemos evoluir. Toda vez que entramos em algum tipo de relacionamento, este nos apresenta uma oportunidade de desenvolvimento. Encontros casuais, relacionamentos de curto prazo, relacionamentos de longo prazo, todos têm a mesma função; refletem para nós o estado da nossa própria consciência. Toda vez que se envolve num relacionamento difícil ou desagradável, você se defronta com um aspecto aflitivo da sua própria consciência. Na esteira da dor arrastam-se o medo de não ser amado e a crença na separação. A dor e o mal-estar decorrem da falta de sintonia da sua personalidade com a sua alma.

Somente por meio de relacionamentos encontramos verdade e sentido em nossa vida e nos encontramos a nós mesmos.

Sempre que sentir mal-estar numa relação, sinta-se agradecido. Você terá descoberto um aspecto da sua consciência que precisa de trabalho. É a oportunidade que se lhe apresenta de desenvolver-se e aproximar-se ainda mais da sua alma. Agarre-a, agradecendo verbal ou mentalmente a quem você acredita seja a causa do seu mal-estar pelo fato de estar na sua vida. Essa pessoa não é a causa do seu mal-estar; sua crença a respeito dela é que lhe acarreta sofrimento. Nunca somos feridos pelos outros. Nós só somos feridos pela interpretação e pelo sentido que emprestamos às suas palavras e ações.

Quando o atacam verbalmente, as pessoas estão sofrendo. Todo ataque tem por base o medo e a crença na separação. Se você responder a um ataque defendendo-se ou retaliando, estará confirmando a realidade do medo do seu atacante. Você terá comprado a ilusão da separação. A única maneira de lidar com ataques é responder com amor. Deixe passar as palavras carregadas de emoção. Não reaja a elas, mas responda simplesmente de um modo afetuoso. Preste atenção ao que está sendo dito e procure a crença cheia de medo por trás das palavras. Este é o verdadeiro problema que precisa ser tratado. Lembre-se, todavia, de que não lhe compete mudar a outra pessoa; você só pode mudar a si mesmo. Se responde a um ataque caindo na defensiva ou retaliando, é sinal de que tem trabalho para fazer em suas crenças. A chave para melhorar relacionamentos é sempre trabalhar consigo mesmo.

Estratégia nº 9: Perdão e honestidade

O perdão e a honestidade são estratégias fundamentais para se atingir a consciência da unidade. Uma natureza que não sabe perdoar não somente promove a separação, mas também nega sua responsabilidade na criação ou na atração das circunstâncias em primeiro lugar. Isso também é desonesto. Se há alguém em sua vida que você não pode perdoar, considere-se entalado na crença tridimensional da separação. Você se separou da pessoa a quem não pode perdoar. Esse é um sentimento amargo e doloroso e quase sempre infligido a si mesma pela própria pessoa. A amargura que sente reflete a falta de sintonia entre sua personalidade e sua alma. Acreditando que alguém o agravou e deve ser castigado, você não toma conhecimento do seu papel e não aceita nenhuma responsabilidade pela situação. Você quer que toda a culpa seja atribuída ao outro, pois o seu ego não aceita a dor e a culpa por haver-se separado da alma. Quando censura os outros e faz juízos morais sobre eles, projeta nos outros as questões com que está lidando em sua própria vida. Toda a dor e toda a raiva refletem o seu desajustamento. Você nunca se zanga pela razão que imagina. O exemplo seguinte ajuda a ilustrar este ponto.

John, sócio de uma empresa de engenharia, confidenciou-me que estava se sentindo menos tolerante à medida que se acercava da meia-idade. E prosseguiu, contando que seu pessoal era constituído de pífios auxiliares. "As pessoas, hoje em dia, não se orgulham do seu trabalho como antigamente." Ele estava farto de trabalho de qualidade inferior. "Que é o que você faz nessas situações?", perguntei-lhe. "Nada", replicou ele. "Eu mesmo termino o serviço. Não quero sair por aí despedindo todos os empregados." John se ressentia de ter de rematar o trabalho dos subordinados e justificava a própria omissão alegando que a dispensa de todo o pessoal seria ridícula. E também porque sabia, no fundo de sua mente inconsciente, que, mesmo demitindo todo o pessoal, não alteraria coisa alguma.

Perguntei a John se ele ainda não pensara num caminho intermédio que seria o de explicar aos funcionários que urgia melhorar o trabalho, mostrando como era possível melhorá-lo e pedindo que o refizessem. Sua resposta foi "não". "Por quê?", insisti. Depois de uma longa pausa, John admitiu que não consegue ser sincero com as pessoas. Receando dizer-lhes alguma coisa que lhes fira os sentimentos, é insincero com elas e consigo mesmo. Sua personalidade está fora de sintonia com a sua alma, porque ele tem medo de dizer aos outros o que realmente pensa. Esse medo cria a separação. Por isso John projeta neles a culpa que sente por seu desajustamento. E isso ele faz por meio de juízos irados. O que John não compreendeu foi que, se continuasse a palmilhar o caminho da desarmonia interior, estaria destruindo aos poucos o seu relacionamento com os empregados. Por não querer confrontar-se com eles, estava chegando cada vez mais perto do ponto em que teria de despedi-los. Fazendo isso, eles se sacrificariam para contentar o seu ego, o qual, por seu turno, aprofundaria a desarmonia reinante no interior de sua alma.

Vemos, neste exemplo, como a experiência externa de John projetava a desarmonia interna. À superfície, a desarmonia resulta do medo de ferir os sentimentos das pessoas, mas o que John realmente temia eram as conseqüências para si do fato de dizer a elas como se sentia em relação ao trabalho delas. Na mente de John, a questão cifrava-se em saber como lidar com o conflito que se seguiria se ele falasse a verdade. Ele se sentia tão amedrontado que preferia não se intrometer. Esse tipo de reação era algo que John aprendera na infância. Culpando os empregados e fazendo pessoalmente o trabalho, não era preciso que ele enfrentasse os seus medos.

O caso de John é típico da importância da sinceridade para com nós mesmos. Todos enfrentamos situações parecidas com nossos colegas, iguais, pais, amigos, irmãos e consortes. A lição que emerge da experiência de John resume-se em que, pelo fato de não falar alto e claro, ele estava criando o que mais temia.

Em *The Ten Natural Laws of Successful Time and Life Management*, Hyrum W. Smith apresenta uma fórmula para lidar com essas situações. E sugere um plano de quatro etapas.[5] Comece a conversa dizendo ao interlocutor: "Eu tenho um problema." Faça uma descrição, sem juízos formados e sem ameaças, da sua percepção do problema. Diga-lhe como se sente em virtude da situação. Em seguida, deixe que as realidades dela ajudem a produzir a mudança.

Nesse ponto, incentive a outra pessoa a dizer-lhe como se sente a respeito do caso. Ouça-a com suma atenção. A perspectiva dela é a realidade dela, como a sua perspectiva é a sua realidade. Nenhuma das perspectivas pode ser a verdade. Vocês precisam chegar a um entendimento tocante às respectivas perspectivas.

Se essa estratégia falhar, faça duas perguntas à outra pessoa: "Se continuar com esse comportamento, sabendo muito bem como me sinto a respeito dele, você acha que ele servirá para melhorar ou piorar o nosso relacionamento?" A segunda pergunta seria: "Você quer que o nosso relacionamento seja melhor ou pior?" Essa é a pergunta final. Se a resposta for "melhor", o diálogo continuará aberto. Se for "pior", os dois se despedirão um do outro e se deixarão sem abrigar energias negativas na mente.

Em situações como essa, a regra de ouro é reconhecer que a outra pessoa está empenhada numa jornada anímica, como você. Ela também tenta aprender suas lições. Se não puder chegar a entender-se com você, a razão é porque os seus medos são grandes demais. Ela está fazendo o melhor que pode mas, mesmo assim, acha impossível ser honesta consigo mesma. Uma pessoa nessas condições merece mais ser compreendida que odiada. Perdoando-a, você libera o sofrimento em seu íntimo. Sente-se imediatamente melhor e mais ligado. O perdão é sempre um ato de amor consigo mesmo e uma ligação com a crença na consciência da unidade. Como o amor, o perdão há de ser incondicional. O perdão condicional mantém a separação e é vão.

Estratégia nº 10: Você pode mudar sua vida

A percepção que vem com o descobrimento duplo de que as crenças criam a sua realidade e de que a energia que você dá volta para você, abre a possibilidade de mudanças positivas em sua vida. A compreensão do mecanismo lhe permite criar uma realidade diferente. As técnicas para fazer isso serão descritas em seguida.

Você pode mudar suas crenças mudando os padrões do seu pensamento. Isso requer literalmente que você assuma o controle da sua mente e da reprogramação dela. A reprogramação começa quando decidimos escolher um modo diferente de reagir às situações da vida. Em *Empowerment: The Art of Creating Your Life the Way You Want It*, David Gershon e Gail Straub descrevem um processo que se pode aplicar a quase tudo o que você quer modificar em si mesmo.[6]

Afirme o que você quer. Passo nº 1: *Determine a área particular da sua vida que precisa de mudança.* Escreva uma declaração em que definirá o que deseja profundamente. Não se sinta forçado pelas circunstâncias atuais. A declaração deve refletir aquilo que você deseja. Esse é o princípio da nova crença que está criando. Escreva-a em forma de afirmação. Ela deve ser positiva, específica, sucinta e dizer respeito a você. Para a afirmação ser bem-sucedida, é mister que seja algo em que você possa acreditar. Se não for, reescreva-a. Isso é importante porque, se você não acreditar nela, a afirmação não criará o que você quer. As afirmações que ultrapassam nossa capacidade de acreditar não exercem efeito nenhum sobre a nossa vida. De maneira semelhante, as afirmações em que acreditamos prontamente não nos levam aonde queremos ir. Gershon e Straub chamam a isso a "borda crescente", em que você se desenvolve e experimenta um novo crescimento. Para mudar a sua realidade, cumpre que a nova crença seja mais forte do que a velha. Depois que você tiver dado forma à sua afirmação, diga-a em voz alta para si mesmo, repetidamente. Entenda que começando a trabalhar com ela trará à tona todas as razões pelas quais o que você quer realizar não é possível. As crenças limitadoras brotarão como ervas daninhas. As razões pelas quais você acredita que não pode realizar sua visão inundarão sua mente, vindas do inconsciente. Você precisa trazer essas crenças à consciência e liberá-las se quiser mostrar sua visão. A história de Jenny ilustra esse ponto.

Quando Jenny veio ver-me, acabara de ficar noiva de Paul. Ela já fora casada, mas se divorciara depois de seis anos. Jenny amava Paul e queria certificar-se de que o novo casamento seria bem-sucedido. Entretanto, à medida que o relacionamento com Paul se intensificava, ela surpreendeu-se a sabotá-lo. Jenny não conseguia entregar-se totalmente ao amor porque achava que ele a abandonaria. Quanto maior fosse a força com que ela se agarrava à visão de um casamento feliz com Paul, mais se surpreendia solapando o relacionamento entre os dois. A causa desse problema era a crença aprendida na infância, quando seu pai largara a mulher e a filha de seis anos de idade. Agora, toda vez que ela iniciava uma relação afetiva com um homem, o medo inconsciente do abandono a levava a cair na defensiva. Liberamos a emoção que envolvia essa crença, voltando emocionalmente à infância e revivendo a experiência do abandono. Trazer os velhos sentimentos à consciência era tudo o que se fazia preciso para Jenny superar a sua crença e começar a comportar-se de modo diferente com relação a Paul.

Visualize o que você quer. O passo nº 2 requer que você *construa uma imagem mental do que você quer criar na sua vida.* Essa visão reforçará sua afirmação. Forme uma imagem que evoque lembranças e sentimentos. Confira a essa imagem o sentimento que você quer experimentar. Faça apenas uma imagem completa, que inclua todos os aspectos da situação que você gostaria de criar. Quanto mais concentrada e evocativa for a imagem, tanto mais poderosa se tornará. Certifique-se de que você está na imagem. Veja-se desfrutando a situação e tirando dela tudo o que quer. Sua imagem pode ser literal ou uma metáfora. Por fim, desenhe em um papel a imagem que você criou. Faça-o com os meios que lhe aprouverem. Não se aborreça se não tiver dom para desenho ou se for daltônico. Ponha simplesmente uma imagem no papel de modo que possa vê-la. Fazendo-a visível, já está iniciando o processo da sua concretização.

A visão tem outro papel importante para desempenhar. Onde quer que você coloque seu pensamento, para lá irá sua energia. Se se concentrar no problema, vai torná-lo mais real. O problema assumirá maiores proporções à medida que injetar nele a energia do pensamento. Se, em vez de colocar a energia do pensamento no problema, você a colocar em sua visão, ajudará a manifestar o que deseja criar. Essa técnica é usada nas artes marciais, para quebrar lanças de madeira com um golpe da mão, e pelos que caminham sobre o fogo para pisar carvões acesos com pés descalços. Concentrando a atenção no outro lado da lança, em lugar de concentrá-la no problema (a lança) você moverá a mão com facilidade através da obstrução. Da mesma forma, o que caminha sobre o fogo só pensa em chegar ao outro extremo da fogueira, nunca nos carvões ardentes que encontra pelo caminho.

Desenvolva o futuro. O passo nº 3 é *criar a condição em que a sua semente (a afirmação) pode tornar-se sua visão (sua imagem).* A semente não crescerá se não for estimulada a crescer. O estímulo consiste em olhar para a imagem e repetir a afirmação diariamente. Conserve a visão na mente com expectativa confiante. Quanto mais energia concentrar na visão, tanto mais facilmente ela se manifestará. O medo e a preocupação só servem para obstruir o processo.

Energize a sua visão. O passo nº 4 é *energizar a visão.* Você faz isso por meio do poder da intenção. Fale, pense e planeje como se a sua visão fosse tornar-se realidade. Fale com as pessoas a respeito dela. Dê os passos necessários para pôr em movimento o que deseja levar a cabo. Todas as visões se manifestam por intermédio da expectativa confiante do resultado. Criando uma visão que corresponda ao que você gostaria de dar à sua vida, e criando afirmações que sustentem a visão, você desatrela as forças de criação que existem nos níveis superiores da consciência. De uma perspectiva tridimensional, sua vida parecerá cheia de coincidências estranhas e fortuitas. De uma perspectiva mais elevada, você estará trabalhando com os princípios universais pelos quais manifestamos a realidade. Você expôs sua vida atual inconscientemente. O truque agora consiste em fazê-lo intencionalmente.

Quando você começa a revelar o que quer da vida, começa a sentir o seu poder pessoal. Começa também a reconhecer que, por intermédio da aplicação consciencioso das técnicas de capacitação, você tem capacidade para responder a qualquer situação que possa surgir na sua vida. Você nunca mais será a vítima. A alma já conhece o que você aprende a respeito de criar a realidade à medida que prepara sua afirmação e elabora sua visão. Essa é a maneira normal de criação na quarta dimensão da consciência. Você cria a visão na mente, concentra a intenção e a energiza, se quiser. Essas técnicas favorecem muitíssimo o processo de desenvolvimento, mas são sobretudo poderosas quando colocam a sua visão em sintonia com o propósito de sua alma. E, quando o faz, você cria, sem dúvida, uma vida para a sua alma.

A raça humana está em via de dar um salto evolutivo. Se vamos ou não ser bem-sucedidos nesse salto é assunto da sua responsabilidade pessoal. Scott Peck

No mundo altamente independente de hoje, indivíduos e nações já não podem resolver muitos problemas sozinhos. Precisamos uns dos outros. Em vista disso, temos de desenvolver um sentimento de responsabilidade individual... É de nossa responsabilidade coletiva e individual proteger e educar a família global, assistir os membros mais fracos, preservar o ambiente em que todos vivemos e cuidar dele. O Dalai Lama

Não sei qual será o seu destino, mas uma coisa eu sei: os únicos dentre vocês que serão realmente felizes são os que procuraram e encontraram um meio de servir. Albert Schweitzer

O verdadeiro e grande período da realização humana no planeta Terra só agora está prestes a iniciar-se. Robert Muller

12

Viva a sua vida como alma

A vida que você está vivendo agora é uma dádiva da sua alma. Você não estaria na Terra se ela não tivesse decidido manifestar-se na consciência tridimensional. A personalidade que vive na consciência tridimensional é capaz de se elevar a níveis mais altos de consciência. A transição da consciência tridimensional para a consciência da alma envolve simplesmente uma mudança de posição da percepção. Dentro da estrutura da consciência tridimensional, sua alma concedeu à sua personalidade liberdade de escolha. A encarregada dos assuntos que vão além da consciência tridimensional, como o nascimento e a morte, é a alma.

A decisão mais importante que você pode tomar como personalidade é entrar em sintonia com sua alma. Quando você começa a aceitar sua realidade multidimensional e identificar-se com ela, você reconhece dentro de si mesmo os poderes de criação e comunicação que existem nas dimensões mais elevadas da consciência. Você se torna cada vez mais sensível à energia que impregna e rodeia todas as coisas vivas. Você começa a compreender e conhecer coisas que estão além do seu conhecimento corrente. Fia-se menos da lógica e mais da intuição, e suas palavras refletem a sabedoria de sua alma.

Você pode descobrir que está desenvolvendo outras dádivas — a capacidade de curar doenças, a capacidade de enxergar auras e a capacidade de comunicar-se com entidades anímicas que não vivem na consciência tridimensional. Todas essas capacidades são um simples reflexo do aumento da sua percepção das dimensões superiores da consciência.

Entrando em sintonia com a sua alma, você também se torna capaz de elevar a freqüência natural da sua vibração energética. Sua atitude mental se torna mais positiva e você começa a passar por períodos mais longos de alegria e paz. Como personalidade, você tem muita coisa que ganhar entrando em sintonia com sua alma.

No transcorrer da História houve exemplos de homens e mulheres que viveram em estados mais elevados de consciência. Em 1902, Richard Maurice Bucke publicou sua obra clássica *Cosmic Consciousness*[1] e postulou que o número de pessoas que vivia na consciência cósmica aumentara nos últimos 2.000 anos. No seu entender, essas pessoas eram os postos avançados da evolução humana, que forneciam um exemplo da direção seguida pela raça humana. Bucke descreve a consciência cósmica como uma consciência do cosmo, da própria vida e da ordem do universo, acompanhada de um sentimento de elevação, exultação e alegria, de uma estimulação do senso moral e de uma consciência da vida eterna.

> Assim como, há muito tempo, surgiu a consciência de si mesmo nos melhores espécimes da nossa raça ancestral nos primórdios da vida e aos poucos se tornou mais e mais universal e apareceu no indivíduo numa era mais e mais anterior, ... assim a consciência cósmica se tornará cada vez mais universal e aparecerá mais cedo na vida do indivíduo, até que toda a raça venha a ter essa faculdade. A mesma raça e não a mesma; pois uma raça de consciência cósmica não será a que existe hoje, tanto quanto a raça atual de homens não é a mesma que existia antes da evolução da autoconsciência. A verdade pura e simples é que viveram na Terra, "aparecendo a intervalos", por milhares de anos, entre os homens comuns, os vagos primórdios de outra raça, que caminhavam sobre a terra e respiravam o ar que respiramos, mas que, ao mesmo tempo, caminhavam sobre outra terra e respiravam outro ar, do qual sabemos pouco ou nada, mas que, não obstante, é a nossa vida espiritual, como a sua ausência seria a nossa morte espiritual. A nova raça está em via de nascer de nós e, em futuro próximo, ocupará e possuirá a Terra.[2]

Estamos agora numa época de transição para a "nova raça" que Bucke definiu. O desenvolvimento acelera-se num ritmo sem precedentes. A realidade da visão de um mundo habitado por humanos que vivem na consciência da alma está próxima de nós. Muitos se desenvolverão na consciência cósmica. Serão necessárias poucas gerações para a presença da nova raça patentear-se a todos. Os primeiros membros da nova raça estão-se manifestando como servidores do mundo. Eles cuidam ativamente da Terra e da humanidade. No seu serviço, refletem os princípios da consciência da unidade. Do meio deles emergirá um novo grupo de líderes que trarão novas introvisões e nova sabedoria. Eles questionarão e desafiarão os sistemas de crença entrincheirados e as estruturas de poder da nossa era. Essa "nova raça" compreenderá que a sobrevivência da espécie humana depende da aceitação dos valores que sustentam a consciência da unidade. Todo indivíduo no planeta é um servidor do mundo em potencial, cada um de nós tem uma dádiva para oferecer e um papel para desempenhar na nova ordem mundial. Se você não vive sua vida em sintonia com a alma, ou oferecendo sua dádiva à humanidade, esta é a hora de desenvolver-se.

Apêndice

O processo de libertação da sua alma pode ser acelerado por meio da meditação diária. Quando você se liga ao seu eu interior, transporta-se para as dimensões superiores da consciência. Passar algum tempo nessas dimensões superiores ajuda a liberar os medos que causam estresse e produz benefícios à saúde em todos os sentidos. Reuni quatro meditações especificamente destinadas a acelerar o desenvolvimento espiritual. As duas primeiras concentram-se no processo — liberando medos e manifestando a visão. As outras duas concentram-se no resultado — experimentar a alma e a consciência da unidade.

Libere os seus medos (*A flor*)

Essa meditação pode ser usada todas as vezes que você sentir ansiedade ou mal-estar emocional. Ela dissipa os medos que estão causando o seu sofrimento. Na meditação, você se transforma numa flor que desabrocha delicadamente. À proporção que cada pétala se abre à luz brilhante do Sol, liberam-se os medos. Pouco a pouco, o Sol o chama para liberar todos os seus temores, até a flor desabrochar inteiramente e tornar visível para o mundo inteiro toda a sua beleza. Quando você se libertar do medo, será capaz de viver na consciência da alma. Essa meditação é particularmente útil para melhorar relacionamentos e liberar crenças limitantes que o impedem de manifestar sua visão.

Aumente o poder da sua visão (*O teatro*)

A preparação para essa meditação é extremamente importante. Quanto mais você se prepara, tanto mais poderoso será o resultado. O modo mais seguro de superar qualquer problema é concentrar-se na maneira como você quer que sejam as coisas. Antes de fazer essa meditação, passe várias horas trabalhando na sua visão. Torne-a positiva, sucinta, precisa, magnética, e descreva-a como se ela já existisse. Cumpre que ela se centralize em você, e não em outras pessoas, e se situe na esfera do que se lhe afigura crível. Depois que tiver posto por escrito os seus pensamentos, faça um desenho da sua visão incluindo-se dentro dela. Faça-a tão pormenorizada quanto quiser. Nessa meditação você traduz a visão em imagens no palco de um teatro. A tradução em imagens energiza a visão e ajuda a fortalecer a confiança. Essa meditação é particularmente eficaz quando usada em combinação com *A flor.*

Identificando-se com a sua alma (*Consciência da alma*)

Esta meditação, que o ajuda a identificar-se com a sua alma, foi criada por Roberto Assagioli, psicoterapeuta transpessoal italiano, para o qual muitos problemas que encontramos na nossa vida se devem à separação entre a personalidade e a alma. Quando você se identifica com a sua alma, a personalidade se funde na consciência da alma e você embarca numa jornada rumo à compreensão de si mesmo. Durante essa meditação, você se desidentifica do "eu" físico, emocional e mental e se identifica com a fonte do seu "ser". Você se torna uma alma com uma experiência humana. Essa meditação o ajuda a obter uma perspectiva mais ampla e mais centrada da vida. Ela pode e deve ser usada com freqüência.

Caminhe para a unidade (*Consciência da unidade*)

Esta meditação o ajuda a expandir os limites da sua identidade para ligar-se a outras almas e a toda a criação. Ela o conduz progressivamente a estados mais elevados de percepção até que você se una a tudo o que existe. Esta meditação é particularmente útil quando você se sente destoante, isolado ou solitário. Ela torna a ligá-lo à sua família, aos seus colegas, à sua comunidade, à sua natureza e ao universo. Ela lhe transmite um sentimento de unicidade e um sentido profundo de paz e de ligação.

Referências

Capítulo 2: O modelo da consciência

1. P. D. Ouspensky, *Tertium Organum: A Key to the Mysteries of the World,* Nova York: Vintage Books, março de 1982, pp. 262-263. [*Tertium Organum*, publicado pela Editora Pensamento, São Paulo, 1988.]
2. F. Capra, *The Tao of Physics: An Explanation of the Parallels between Modern Physics and Eastern Mysticism*, Londres: Fontana Paperbacks, 1983, p. 155. [*O Tao da Física*, publicado pela Editora Cultrix, São Paulo, 1980.]
3. P. C. W. Davies, *The Mind-Body Problem and Quantum Theory, Proceedings of the Symposium on Consciousness and Survival*, organizado por J. S. Spring, Sausalito, Califórnia: Institute of Noetic Sciences, 1987, pp. 113-114.
4. M. Talbot, *The Holographic Universe*, Nova York: Harper Collins, 1991, p. 50.
5. N. Friedman, *Bridging Science and Spirit*, St. Louis, Living Lake Books, 1944, p. 292.
6. W. James, *The Varieties of Religious Experience*, Nova York: Penguin Classics, 1985, p. xxi. [*As Variedades da Experiência Religiosa*, publicado pela Editora Cultrix, São Paulo, 1991.]
7. Ibid., p. 408-409.
8. Ibid., p. 410.
9. Ibid., p. 6.
10. C. G. Jung, *The Portable Jung*, organizado por J. Campbell, Harmondsworth: Penguin Books, 1980, p. 466.
11. Ibid., p. 468.
12. J. Hardy, *A Psychology with a Soul: Psychosynthesis in evolutionary context*, Arkana, Londres, 1987.
13. *Spiritual Emergencies: When Personal Transformation becomes a Crisis*, organizado por S. Grof e C. Grof, Jeremy P. Tarcher: Los Angeles, 1990. [*Emergência Espiritual*, publicado pela Editora Cultrix, São Paulo, 1992.]
14. S. C. Roberts, *Multiple Realities*, Common Boundary, maio e junho de 1992, pp. 24-31.

15. Ibid.
16. Ibid.
17. G. Zukav, *The Seat of the Soul*. Nova York: Fireside, 1990. [*A Morada da Alma*, publicado pela Editora Cultrix, São Paulo, 1993.]

Capítulo 3: A quarta dimensão da consciência

1. R. W. Clark, *Einstein, The Life and Times*, Nova York: World Publishing Co., 1971, p. 159.
2. A. Hastings, *With the Tongues of Men and Angels: A Study of Channeling*, Buchholz: Orlando, 1990.
3. B. A. Brennan, *Hands of Light: A Guide to Healing Through the Human Energy Field*, Nova York: Bantam Books, 1988, pp. 41-56. [*Mãos de Luz*, publicado pela Editora Pensamento, São Paulo, 1990.] § 4. M. Talbot, *The Holographic Universe*, Nova York: Harper Collins, 1991, p. 176.

Capítulo 4: Quem sou eu?

1. K. Lashley, *In Search of the Engram in Physiological Mechanisms in Animal Behavior*, Nova York: Academic Press, 1950, p. 454-482.
2. M. Talbot, *The Holographic Universe*, Nova York: Harper Collins, 1991, p. 244.
3. R. A. Moody, *Life After Life*, Nova York: Bantam Books, 1990.
4. L. Dossey, *Recovering the Soul: A Scientific and Spiritual Search*, Nova York: Bantam Books, 1989, pp 92-98. [*Reencontro com a Alma: Uma Investigação Científica e Espiritual*, publicado pela Editora Cultrix, São Paulo, 1992.]
5. Ibid., p. 291.
6. D. Bohm, *Unfolding Meaning*, Londres: Ark Paperbacks, 1987.
7. M. Talbot, *The Holographic Universe*, Nova York: Harper Collins, 1991, p. 264.
8. R. Assagioli, *Psychosynthesis: A Manual of Principles and Techniques*, Wellingborough: Crucible, 1990, p. 17. [*Psicossíntese*, publicado pela Editora Cultrix, São Paulo, 1982.]
9. R. Assagioli, *The Act of Will*, Londres: Penguin Books, 1974. [*O Ato da Vontade*, publicado pela Editora Cultrix, São Paulo, 1985.]
10. A. Maslow, *Towards a Psychology of Being*, Van Nostrand, 1968.

Capítulo 5: Por que estou vivendo esta realidade?

1. M. Talbot, *The Holographic Universe*, Nova York: Harper Collins, 1991, pp. 93-94.

Capítulo 6: As origens das crenças

1. R. J. Woolger, *Other Lives, Other Selves*, Nova York: Bantam Books, 1988. [*As Várias Vidas da Alma*, publicado pela Editora Cultrix, São Paulo, 1994.]

2. Ibid., p. 96.
3. I. Stevenson, *Some Questions Related to Cases of Reincarnation Type*, Journal of the American Society for Psychical Record, número de outubro de 1947, p. 407.

Capítulo 7: Como libertar a alma

1. H. D. Johns, *From Fear to Fury: What You Need to Know about the Anger in Your Life*, Vantage Press: Nova York, 1990.
2. K. Wilber, *No Boundary: Eastern and Western Approaches to Personal Growth*, Boston: Shambhala Publications, 1981. [*A Consciência sem Fronteiras*, publicado pela Editora Cultrix, São Paulo, 1991.]
3. K. Wilber, *The Spectrum of Consciousness*, Wheaton: The Theosophical Publishing House, 1989. [*O Espectro da Consciência*, publicado pela Editora Cultrix, São Paulo, 1990.]
4. *Um Curso de Milagres*, Tiburon: Foundation for Inner Peace, 1986.

Capítulo 10: Cinco caminhos para a unidade

1. C. G. Jung, *Synchronicity: An Acausal Connecting Principle*, Princeton, Bollingen Paperback Edition, 1973.
2. C. G. Jung e W. Pauli, *The Interpretation and Nature of the Psyche*, Nova York: Pantheon, 1955.
3. C. C. Jung, *On Synchronicity, Man and His Time*, Nova York: Eranos Yearbooks, 1957.
4. D. F. Peat, *Synchronicity: The Bridge Between Matter and Mind*, Nova York: Bantam Books, 1987, p. 25.
5. *The Portable Jung*, organizado por J. Campbell, Harmondsworth: Penguin Books, 1980, p. 518.
6. D. Bohm, *Unfolding Meaning*, Londres: Ark Paperbacks, 1987, p. 12.

Capítulo 11: Dez estratégias para atingir a consciência da alma

1. N. Branden, *The Six Pillars of Self Esteem*, Nova York: Bantam Books, 1994.
2. M. Matousek, *Savage Grace*, Common Boundary, maio/junho de 1993, pp. 22-31.
3. K. Duff, *The Alchemy of Illness*, Common Boundary, maio/junho de 1993, pp. 38-45.
4. T. Dethlefsen e R. Dahlke, *The Healing Power of Illness: The Meaning of Symptoms and How to Interpret Them*, Chaftesbury: Element Books Limited, 1990. [*A Doença como Caminho*, publicado pela Editora Cultrix, São Paulo, 1992.]
5. H. W. Smith, *The 10 Natural Laws of Successful Time and Life Management:*

Proven Strategies for Increased Productivity and Inner Peace, Nova York: Warner Books, 1994, p. 163-164.

6. D. Gershon e G. Straub, *Empowerment: The Art of Creating Your Life as You Want It*, Nova York: Dell Publishing, 1989.

Capítulo 12: Viva a sua vida como alma

1. R. M. Bucke, *Cosmic Consciousness*, Nova York: E. P. Dutton, 1969.
2. Ibid., pp. 383-384.

Bibliografia

Bailey, A. A. *Serving Humanity*. Uma compilação dos trabalhos de Alice Bailey. Nova York: Lucis Publishing, 1972.

Bianchi, E. G. *Aging as a Spiritual Journey*. Nova York: Crossroad, 1982.

Becker, E. *The Denial of Death*. Nova York: The Free Press, 1973.

Chopra, D. *Quantum Healing*. Nova York: Bantam Books, 1989.

Cerminara, G. *Many Mansions: The Edgar Cayce Story*. Nova York: Signet, 1967. [*Muitas Moradas: A Reencarnação Segundo Edgar Cayce*, publicado pela Editora Pensamento, São Paulo, 1950.]

Davies, P. D. *God and the New Physics*. Nova York: Touchstone, 1983.

Gerber, R. *Vibrational Medicine: New Choices for Healing Ourselves*. Santa Fé: Bear and Company, 1988. [*Medicina Vibracional*, publicado pela Editora Cultrix, São Paulo, 1992.]

Kapleau, P. *The Wheel of Life and Death*. Nova York: Anchor Books, 1989. [*A Roda da Vida e da Morte*, publicado pela Editora Cultrix, São Paulo, 1993.]

MacGregor, G. *Reincarnation in Christianity*. Wheaton: Theosophical Publishing House, 1978.

Moore, T. *Care of the Soul: A Guide For Creating Depth and Sacredness in Everyday Life*. Nova York: Walker and Company, 1992.

Pagels, E. *The Gnostic Gospels*. Nova York: Vintage Books, 1979. [*Os Evangelhos Gnósticos*, publicado pela Editora Cultrix, São Paulo, 1990.]

Pelletier, K. R. *Mind as Healer. Mind as Slayer*. Nova York: Dell Publishing, 1977.

Roberts, J. *Seth Speaks*. Nova York: Bantam Books, 1988.

Roberts, J. *The Nature of Personal Reality*. Nova York: Bantam Books, 1988.

Sheldrake, R. *A New Science of Life*. Los Angeles: Jeremy P. Tarcher, 1987.

Watson, L. *The Nature of Things: An Enquiry into the Secret Life of Inanimate Objects*. Londres: Hodder and Stoughton, 1990. [*A Natureza das Coisas*, publicado pela Editora Cultrix, São Paulo, 1993.]

Zweig, C. e Abrams, J., orgs. *Meeting the Shadow*. Los Angeles: Jeremy P. Tarcher, 1991. [*Ao Encontro da Sombra,* publicado pela Editora Cultrix, São Paulo, 1994.]

A NATUREZA DAS COISAS

Lyall Watson

Todos têm alguma experiência da obstinação natural de objetos inanimados — aqueles estranhos momentos em que as coisas parecem assumir vida própria. Neste livro, Lyall Watson formula algumas perguntas sérias a respeito desses fenômenos.

Estaremos assistindo à evolução de uma nova forma de vida? Estarão as coisas que nos cercam desde a Idade da Pedra até a era dos computadores, apesar de sua origem inorgânica, assumindo vida? Ou nós, através da maneira como as encaramos, teríamos insuflado nelas algum tipo de alma?

De fato, às vezes, os objetos do nosso cotidiano parecem agir "por vontade própria" e os objetos de nossa estimação podem se comportar como se tivessem autonomia. Pedras cantam, estátuas se movem, objetos de valor voltam à mão de seus antigos donos, computadores têm sonhos ruins. O que, afinal, está acontecendo exatamente?

Fruto de muita pesquisa por todo o mundo, *A Natureza das Coisas* é "uma aventura de idéias" centrada na noção de que estamos participando do nascimento de uma nova forma de vida com suas próprias necessidades e idéias — possibilidade que, na verdade, todos deveriam levar muito a sério.

* * *

Lyall Watson, o autor, se considera "um nômade da ciência". Nascido na África, foi educado na Holanda e na Alemanha e se doutorou em Londres. Esteve envolvido em antropologia na Jordânia, na Nigéria, na Indonésia e no Brasil; em arqueologia em Israel, na Turquia e no Peru; em paleontologia no sul e no leste da África; em biologia marinha no oceano Índico; em botânica nos desertos de Sonora; e em pesquisa médica nas Filipinas; e representou as ilhas Seychelles na International Whaling Commission. Quando não viaja pelo mundo pesquisando fenômenos paranormais, mora na Irlanda.

EDITORA CULTRIX

Outras obras de interesse:

TERTIUM ORGANUM
P. D. Ouspensky

O TAO DA FÍSICA
Fritjof Capra

AS VARIEDADES DA EXPERIÊNCIA RELIGIOSA
William James

EMERGÊNCIA ESPIRITUAL
Stanislav Grof e *Christina Grof* (orgs.)

A MORADA DA ALMA
Gary Zukav

MÃOS DE LUZ
Barbara Ann Brennan

REENCONTRO COM A ALMA - Uma Investigação Científica e Espiritual
Larry Dossey

PSICOSSÍNTESE
Roberto Assagioli

O ATO DA VONTADE
Roberto Assagioli

A CONSCIÊNCIA SEM FRONTEIRAS
Ken Wilber

O ESPECTRO DA CONSCIÊNCIA
Ken Wilber

A DOENÇA COMO CAMINHO
Thorwald Dethlefsen e *Rüdiger Dahlke*

MEDITAÇÕES
Shakti Gawain

VISUALIZAÇÃO CRIATIVA
Shakti Gawain

VIVENDO NA LUZ
Shakti Gawain

SÍNTESE DA DOUTRINA SECRETA
Helena P. Blavatsky

OS CHAKRAS
C. W. Leadbeater

SALVO POR UM ESPÍRITO
C. W. Leadbeater

O ANEL DO CAMINHO
Taisen Deshimaru

Peça catálogo gratuito à
EDITORA CULTRIX
Rua Dr. Mário Vicente, 374 – Fone: 272-1399
04270-000 – São Paulo, SP